I0655482

Марсель Салимов

С УЛЫБКОЙ
ПО ВСЕМУ МИРУ

Мультиязычный сборник

· ·

Marsel Salimov

ACROSS THE GLOBE
WITH A SMILE

Multilingual collection

Published by Hertfordshire Press Ltd © 2024
e-mail: publisher@hertfordshirepress.com
www.hertfordshirepress.com

***Award for Best Book in the Non-Fiction Category
from Eurasian Creative Guild (London)***

Marsel Salimov

**ACROSS THE GLOBE
WITH A SMILE**
Multilingual collection

typeset by Alexandra Rey

---

*British Library Catalogue in Publication Data
A catalogue record for this book is available from the British Library
Library of Congress in Publication Data
A catalogue record for this book has been requested*

ISBN: 978-1-913356-80-4

Премия за Лучшую Книгу
в Категории "Non-Fiction"
от Eurasian Creative Guild (London)

Учреждена Eurasian Creative Guild (London) для поддержки писателей, создающих свои работы в таких направлениях, как публицистика, сатира (кроме художественных произведений), документальные очерки и статьи, академические работы, биографии и автобиографии. Книги этого направления высоко ценятся читательской аудитории, а их актуальность растет каждый год.

Об авторе

Марсель Шайнурович Салимов (псевдоним Мар. Салим) — писатель-сатирик, поэт, публицист, переводчик. Член Eurasian Creative Guild (London) с 2017 года. Народный писатель Республики Башкортостан (2021). Заслуженный работник культуры Башкирской ССР (1990) и Российской Федерации (1993). Кавалер Ордена Дружбы (1999). Член Союза писателей России и РБ. Народный писатель Республики Башкортостан (2021), лауреат международного конкурса «XII Open Eurasia: Super Cup 2023». В 1971 году Марсель Шайнурович с отличием окончил филологический факультет Башкирского государственного университета, в 1980 году - Свердловскую высшую партийную школу по специальности «политология». По окончании университета, будучи офицером Советской Армии, 2 года служил в Северной группе войск (Польша). Майор запаса (1989). С 1973 года работает в республиканском журнале сатиры и юмора «Хэнэк» («Вилы») литсотрудником-фельетонистом, редактором отдела, с 1980 по 2010 год - главный редактор.

Писать начал в школьные годы, с 12 лет публиковался в местных газетах и журналах. Первая его книга «Мешок тайн» была издана в Башкирском книжном издательстве в 1982 году. Написал более 50 книг.

Член правления, заместитель председателя, с 1996 по 2006 год - председатель Союза журналистов Башкортостана; с 1988 года - член правления Союза писателей РБ; с 1996 года - член Федеративного совета Союза журналистов России; с 1998 по 2000 год - вице-президент Международной конфедерации журналистских союзов; с 2008 года - председатель совета Объединения ветеранов журналистики РБ; с 2009 года - член совета и с 2010 года член президиума Башкирского республиканского совета ветеранов; с 2014 года - член правления Международной ассоциации творческих работников. Был одним из учредителей Общества юмора народов (Габрово, 1989).

Произведения писателя переведены на 50 языков народов мира.

Автор искренне благодарит британских писателей Дэвида Пэрри, Гарета Стампа и учёных Института гуманитарных и социальных наук Уфимского университета науки и технологий за оказание лингвистической помощи.

Этот мультиязычный сборник всемирно известного башкирского писателя-сатирика Марселя Салимова (Мар. Салим) можно назвать Книгой Дружбы. Остроумные юмористические произведения автора на разных языках одинаково интересны и поучительны для читателей, так как они написаны мастером словесности с доброй улыбкой. А искренняя улыбка, как считает сам народный писатель Башкортостана, сближает людей, города, регионы, страны, все народы и континенты.

• •

The author sincerely thanks British writers David Parry, Gareth Stamp and scientists from the Institute of Humanities and Social Sciences of the Ufa University of Science and Technology for providing linguistic assistance.

This multilingual collection written by the worldwide famous Bashkir satirist Marsel Salimov (Mar. Salim) can be called the Book of Friendship. The author's witty, humorous works in different languages are equally thrilling and instructive for readers, as they were written by a word-painter with an amiable smile. And an ingenuous smile, as the people's writer of Bashkortostan believes, brings people, cities, regions, countries, and all the nations and continents together.

МАРСЕЛЬ САЛИМОВ
MARSEL SALIMOV

НАРОДНЫЙ ПИСАТЕЛЬ БАШКОРТОСТАНА, ЗАСЛУЖЕННЫЙ
РАБОТНИК КУЛЬТУРЫ РФ И БССР, КАВАЛЕР ОРДЕНА
ДРУЖБЫ, ЛАУРЕАТ МЕЖДУНАРОДНЫХ ПРЕМИЙ

NATIONAL WRITER OF BASHKORTOSTAN,
HONORED WORKER OF CULTURE, CAVALIER OF THE ORDER OF
FRIENDSHIP, LAUREATE OF INTERNATIONAL PRIZES

18:00
27-09-2023

С БАШКИРСКИМ СМЕХОМ
ПО ВСЕМУ СВЕТУ

WITH BASHKIR LAUGH
AROUND THE WORLD

ЖИВАЯ ВСТРЕЧА С ПОКА ЖИВЫМ
САТИРИКОМ, СОУЧРЕДИТЕЛЕМ ПЕРВОГО В
МИРЕ ОБЩЕСТВА ЮМОРА НАРОДОВ,
ОБЛАДАТЕЛЕМ ИНДУЛЬГЕНЦИИ
МЕЖДУНАРОДНОГО ГАБРОВСКОГО ДОМА
ЮМОРА И САТИРЫ, А ТАКЖЕ ПОЧЁТНЫХ
ЗВАНИЙ «ПОСОЛ МИРА», «ЗОЛОТОЕ ПЕРО
РОССИИ» И «ЗОЛОТОЕ ПЕРО РУСИ»

LIVE MEETING WITH A LIVING SATIRIST, CO-FOUNDER OF
THE WORLD'S FIRST SOCIETY OF HUMOR OF PEOPLES,
OWNER OF THE INDULGENCE OF THE INTERNATIONAL
GABROV HOUSE OF HUMOR AND SATIRE, AS WELL AS THE
HONORARY TITLES "AMBASSADOR OF THE WORLD,"
"GOLDEN PEN OF RUSSIA" AND "GOLDEN PEN OF RUS"

+44 7828 221584

СОДЕРЖАНИЕ – CONTENT

ПОСОЛ ЮМОРА

«Выступая на съезде Евразийской творческой гильдии, Марсель Салимов сказал, что Уральские горы не разделяют, а соединяют Европу и Азию. Добавлю от себя, что точно так же позитивный юмор этого знаменитого российского писателя с Урала объединяет народы Евразии».

Дэвид ПЭРРИ,
первый председатель
Евразийской творческой гильдии.
Уэльс, 2017

THE AMBASSADOR OF HUMOR

«Speaking at the congress of the Eurasian Creative Guild, Marcel Salimov said that the Ural Mountains do not share, but unite Europe and Asia. I will add that the same positive humour of this famous Russian writer from the Urals unites the peoples of Eurasia».

David PARRY,
the first chairman of the Eurasian Creative Guild.
Wales, 2017

Первая встреча сатирика с Маратом Ахмеджановым и Анной Лари (Уфа, 2017), Дэвидом Пэрри и Лаурой Гамильтон (Стокгольм, 2017). – The satirist's first meeting with Marat Akhmedjanov and Anna Lari (Ufa, 2017), David Parry and Laura Hamilton (Stockholm, 2017).

ДРУЖБА НАЧИНАЕТСЯ С ПЕРВОЙ ВСТРЕЧИ...

28 апреля 2017 года... Этот прекрасный весенний день я считаю памятной датой в моей творческой деятельности. А если сказать точнее, его можно назвать Днём начала Большой Дружбы башкирского юмориста с Евразийской творческой гильдией (ECG). Именно тогда впервые приехала в столицу Республики Башкортостан творческая команда ECG, и я близко познакомился с учредителями гильдии – вице-председателем ECG, руководителем издательского дома Hertfordshire Press (Лондон) Маратом Ахмеджановым и директором департамента фестивалей Анной Лари.

В первый день того творческого визита в Уфу прошла презентация книги 15-летнего мотивационного тренера Меган Вернер в Национальной библиотеке имени Ахметзаки Валиди Республики Башкортостан. Юная писательница встретилась со своими ровесниками – учащимися уфимских школ, рассказала им о себе, о тяжёлых моментах, которые ей пришлось испытать. Но она справилась и смогла доказать всем, что в этой жизни всё зависит от самого себя, – и в свои 13 лет написала об этом книгу, которая переведена на русский язык.

Когда руководитель престижного лондонского издательства отметил, что нет ничего необычного в том, что автором бестселлера является столь юный писатель, я вспомнил себя «зелёного», написавшего в 8 лет стихотворение вроде сатирического о таком распространённом в России социальном зле, как пьянство. Далее – информация, опубликованная на официальном сайте Национальной библиотеки:

«Присутствовавший на встрече известный башкирский писатель-сатирик Марсель Салимов также согласен с Маратом Ахмеджановым: "Возможность реализоваться в детском возрасте – это то счастье, которое не каждому дано, та удача, которая улыбнётся не каждому. Меган повезло в том плане, что её вдохновили и помогли родители, заметила и оказала поддержку в её писательской деятельности Евразийская Творческая гильдия". Юный начинающий автор и маститый башкирский писатель обменялись книгами: Марсель Салимов подарил Меган свою книгу «The bird's milk» («Птичье молоко»), изданную в Москве на английском языке, а в ответ получил презентуемую книгу «Это зависит от меня» с автографом».

Очарованный талантом юной писательницы, я на следующий день пошёл в Башкирский государственный педагогический университет имени Мифтахетдина Акмуллы, где прошла встреча Меган Вернер со студентами.

А на третий день принял участие в специально организованном для республиканской творческой элиты торжественном вечере, на котором Марат Ахмеджанов и Анна Лари презентовали Евразийскую творческую гильдию и международный литературный фестиваль «Открытая Евразия» (OCABF). Там же состоялась церемония вручения сертификатов новым членам ECG. Наша Национальная библиотека стала коллективным членом, а я – индивидуальным. И с этого времени – помню, как сегодня, 30 апреля 2017 года был воскресным днём – началась моя новая активная творческая жизнь вместе с Евразийской творческой гильдией.

А потом – незабываемые творческие вечера, живые встречи с замечательными британскими писателями Дэвидом Перри, Лаурой Гамильтон, Джоном Фарндоном и другими моими новыми и старыми друзьями, яркие выступления на мероприятиях гильдии – всё это было, было… Но, как говорится, то ли ещё будет, ого-го!

Марсель САЛИМОВ,
народный писатель Республики Башкортостан,
заслуженный работник культуры РФ и БССР,
кавалер ордена Дружбы, лауреат международного
конкурса «XII Open Eurasia: Super Cup 2023»
и многих других литературных
и журналистских премий.

ГРАФУ МАРСЕЛЮ
ОТ ВОСТОРЖЕННОЙ ПОКЛОННИЦЫ

Дорогой Марсель!

Я понимаю, что годы, как и расстояния, разделяют нас неумолимо. И именно это обстоятельство заставляет меня писать, смущаясь от волнения.

Мон шер, в тот первый день, когда мы встретились, я поняла – Ваш образ запечатлеется в моём сердце навсегда. Высокий, статный, с прекрасными чертами и голубыми, цвета ясного неба, глазами, с галантными манерами и звонким голосом, почтительным, но в то же время сатиричным умением вести интеллектуальную беседу, Вы завоевали дамские сердца и свергли наповал всех мужчин – соперников.

Боже, как был чудесен тот вечер тёплой осени 2023 года в незабываемом, очаровательном казахстанском Бурабае, где Высокий Совет Евразийской творческой гильдии проводил свои литературные встречи: мне довелось увидеть многих заслуженных полководцев армии Слова, маститых баронов-писателей, пылких гусаров-поэтов и утончённых прелестниц-художниц, а также очаровательных и умных женщин-писательниц из разных стран.

Я помню, как торжественно и тепло хозяин вечера, представитель лондонского бомонда Марат Ахмеджанов объявил: «Друзья, встречайте нашего почётного гостя, короля сатиры и юмора, графа Марселя Салимова». И сразу подтянулись мужчины, и веера прекрасных дам зашелестели, как листья на ветру.

На том фестивале Вы завоевали первое место в категории «Нон-фикшн» – победа была Вам к лицу!

Вернувшись домой, я первым делом открыла Всезнающий Интернет и, разумеется, нашла множество статей, описывающих Ваш жизненный путь и Ваши чудесные творения.

Мне было интересно узнать, каким Вы были в молодости, чем занимались, о чём мечтали, что написали.

И первой информацией стала статья Регионального интерактивного энциклопедического портала «Башкортостан». Из неё я узнала, что, проработав 30 лет главным редактором журнала «Хэнэк» («Вилы»), Вы вывели его в первые ряды популярных российских журналов. Очевидно, граф, Вам довелось работать в среде, умеющей ценить сатиру и юмор.

Я узнала перевод Вашего литературного псевдонима со старотюркского: Мар – разгром, Салим – здоровый. Очевидно, Вы действительно произвели «здоровый разгром в Башкирии», как было написано в «Новом крокодиле». И несмотря на то, что Вы с отличием закончили два вуза, вполне естественным при Вашей скромности выглядит Ваше признание: «Чтобы усвоить все тонкости сатирической журналистики, и десяти вузов мало».

Ваши противники должны согласиться с Вашими друзьями, написавшими, что «критикуя негативные стороны сегодняшней действительности, Мар. Салим не изображает её только в тёмных тонах — его юмор светлый, смех оптимистичный, сатира патриотичная. Марсель Салимов говорит: «Я всегда в оппозиции ко всему плохому».

Мне глубоко запали в душу Ваши слова: «Я пишу не оттого, что жизнь плоха, а для того, чтобы она стала лучше».

Ваше стремление изменить мир в лучшую сторону, подчеркнуть его достоинства, сделать его благороднее и гуманнее вызывает глубокое уважение Ваших читателей.

История навсегда сохранит Вас в народной памяти не только как автора более 50 книг, изданных в Москве, Уфе, Казани, Чебоксарах, Симферополе, Лондоне на русском, башкирском, татарском, чувашском, английском, болгарском языках, а также первого в истории литературы народов России сатирического двухтомника «Пересмешник» (Уфа: Китап, 2002–2005).

Ваша активная творческая и многогранная общественная деятельность, многочисленные награды признанных общемировых литературных сообществ и государственных служб, Ваша преданность сатире и юмору снискали Вам славу мастера пера во многих странах, а также заслуженно Вас «включили в энциклопедию «Лучшие люди России» и в ежегодные биографические инновационные справочники «Кто есть кто: Русское издание» и «Кто есть кто: Всемирное издание».

История же презентации в Стокгольме Вашей сороковой книги, на VI Международном книжном форуме и литературном фестивале «Открытая Евразия», организаторами которого выступили Евразийская творческая гильдия (ЕТГ) и издательский дом «Hertfordshire Press» (Лондон), несомненно, привлекла внимание всей европейской общественности. Более 300 писателей, поэтов, литературоведов, журналистов, художников и артистов из 14 стран мира удостоились чести приветствовать Вашу книгу. Журналисты восторженно писали, что книга видного российского сатирика «The Book Which Has Never Been Written Before» («Книга, какой ещё никто не писал») была издана в книжной серии Евразийской творческой гильдии в Лондоне на английском языке.

Кажется, Вы впервые «серьёзно» написали о вечной любви в книге, «которая никогда не была написана прежде». Ваш герой уже не сатирик, а лирик. И все же, повествуя о переживаниях главного героя, мне кажется, что Вы писали его образ с самого себя – не случайно Вы называете своё произведение «почти любовным романом».

Меня очень обрадовало, что Вашу книгу оценили достойно, присудив Вам специальную премию «Прорыв года». Как отметил руководитель издательского дома «Hertfordshire Press» Марат Ахмеджанов, «со своей оригинальной сатирой и юмором знаменитый башкирский писатель сделал настоящий творческий прорыв».

Одним из самых моих любимых произведений стал Ваш поэтический цикл «Стрелы амура башкирского сатирика с французским именем», посвящённый 200-летию победы России в Отечественной войне 1812 года, и опубликованный в сборнике «Современная русская литература» на французском языке.

Ах, как интересно Вы рассказывали о встрече с мсье Бернардом Лозе – сопредседателем Ассамблеи народов Евразии, о башкирской коннице, воевавшей в составе русской армии против Наполеона.

Кстати, о том, что император Наполеон захотел лично увидеть башкирских удальцов, которых за ловкость и умение метко стрелять из луков французы прозвали «северными амурами», запечатлели в своих воспоминаниях посол Великобритании при Российской армии Роберт Вильямс и художник Пьер Бержере.

И я рада, что в лучших традициях гуманности, европейское творческое сообщество также оценило Ваши выдающиеся заслуги и верность

традициям литературы, культуры, просвети-
тельства и гуманизма, наградив Вас медалью
Генриха Бёлля, избрав Вас действительным членом Международной Академии литературы,
искусства, коммуникации (Германия) за вклад в
развитие евразийской литературы, за выдающиеся творческие достижения и активное участие в
международных культурных проектах Содружества деятелей литературы и искусства.

Но это только малая толика информации
о Вас, и, конечно же, спасибо Вашим друзьям
– журналистам, писавшим о Вашем грозном
оружии – сатире и юморе, о том, что «смеясь,
человечество расстаётся с прошлым. Высмеивая
недостатки и пороки, общество избавляется от
них» (Нина Ягодинцева).

Когда-то в молодости Вы написали стихи, которые ясно выразили Ваше отношение к жизни:

Не в печали, не в слезах,
А с улыбкой на устах,
Я пришёл на этот свет,
Чтоб смеяться много лет.

Мой друг, я всегда жду встречи с Вами, как
и вся многочисленная аудитория читателей. Со-
временному обществу, как никогда, нужны Ваш
добрый юмор и острая сатира!

Как всегда, Ваша сатира выполняет важную
роль в очищении общества, помогая ему изба-

виться от пороков, а юмор, представляя недостатки и слабости в комическом виде, не позволяет воспринимать отношение агрессивно.

Благодарю Вас, мой друг из далекой Башкирии, за Ваше яркое и тёплое творчество!

Надеюсь на скорую встречу на международных фестивалях Евразийской творческой гильдии, познакомившей всех нас – людей искусства и поэзии со всего мира!

С глубоким уважением к Вам,
Ваша поклонница
Салтанат ХАМЗЕЕВА

САЛТАНАТ ХАМЗЕЕВА — Хранитель ECG, соавтор книги «Хроники Гильдии», редактор художественных текстов, автор сборника «Степные рассказы» и детективных рассказов.

БАШКИРСКИЙ ПИСАТЕЛЬ ДАЛ ИНТЕРВЬЮ БРИТАНСКОМУ ЖУРНАЛУ

В Великобритании в журнале «OCA Magazine» опубликована беседа основателя и руководителя Издательского дома «Hertfordshire Press» Марата Ахмеджанова с видным российским и башкирским писателем и журналистом, заслуженным работником культуры РФ и Башкирской ССР, кавалером ордена Дружбы, обладателем Индульгенции Международного Дома юмора и сатиры (Габрово), Знака ордена св. Александра Невского «За труды и Отечество» и званий «Золотое перо России» и «Золотое перо Руси», Золотым лауреатом Евразийской международной премии и лауреатом многих международных литературных премий Марселем Салимовым (Мар. Салим).

Книга именитого сатирика «The Book Which Has Never Been Written Before» («Книга, какой ещё никто не писал») была издана в книжной серии Евразийской творческой гильдии в Лондоне. Как говорит издатель в беседе с автором, эту книгу британская публика встретила радушно, «почти любовные романы» вызвали неподдельный интерес у англоязычных читателей. И не случайно после её презентации на международном литературном фестивале «OEBF-2017» («Открытая

21

Евразия») *в Стокгольме автору была присуждена специальная премия Издательского дома «Hertfordshire Press» «Прорыв года».*

«Со своей оригинальной сатирой и юмором Вы сделали настоящий творческий прорыв», – сказал своему автору руководитель издательства, вице-председатель Евразийской творческой гильдии Марат Ахмеджанов. Как известно, его уникальное издательство, которое объединяет англоязычных читателей во всём мире с Евразией через издание книг, журналов, путеводителей и проведение литературных фестивалей и форумов с 2002 года специализируется на издании современной художественной и научно-популярной литературы авторов евразийских народов.

«OCA Magazine» является независимым ежеквартальным журналом, издаваемым с 2009 года в Лондоне компанией «Silk Road Media Group» при поддержке Евразийской творческой гильдии. Журнал полностью посвящается Евразийскому региону и описывает культурные, политические и экономические события, рассказывает о выдающихся личностях, успешных проектах международного сотрудничества в Евразии. Издание распространяется не только в англоязычных странах, но и в странах бывшего СССР. Журналы доступны в библиотеках, университетах, посольствах, авиакомпаниях и других организациях в Великобритании. Общее число читателей (включая онлайн подписчиков) — 50000 человек.

Главный редактор Ник Рован/Nick Rowan – известный британский писатель и журналист, выпускник Оксфордского университета.

В разные годы гостями журнала «OCA Magazine» становились дипломаты, политики и деятели культуры из стран СНГ и Европы, такие как президент Татарстана Минтимер Шаймиев, президент Кыргызстана Алмазбек Атамбаев, специальный представитель Президента Российской Федерации по международному культурному сотрудничеству Михаил Швыдкой, региональный директор Европейского банка реконструкции и развития Масару Хонма, молдавский композитор Евгений Дога.

Предлагаем читателям беседу британского издателя с российским и башкирским автором, опубликованную в журнале «OCA Magazine» в 2020 году.

A PUBLISHER AND AN AUTHOR TALK: CORDIAL, BUT TO THE POINT

Sometimes an interview is best had a just a conversation. We reprint below Publisher, Marat Akhmejanov's, conversation with Marcel Salimov about literature and creativity. It is in its full and original form.

Marat Akhmedjanov: Dear Marcel, your literature writing comrades have written about you that you are "a satirist by nature", "a God-given humourist", "society's mirror, in which our true face and our flaws are reflected", "a respectable man of high culture" and "an incorrigible optimist". But who are you really?

Marcel Salimov: Yes, dear Marat, many critics, even very respected ones, view me mainly as a satirist. A rather serious satirist. It's hard to disagree with their opinion. I can only continue living up to the title of "a serious satirist".

MA: And satirically saying, how did you sink into it?

MS: I was 8 years old, when I wrote my first satirical text. It was a poem about a quite popular problem here in Russia — about drunkenness. At the age of 14 I published my first feuilleton in a Bashkir satire magazine called "Khenek" (pitchfork). When I was 24 years old, after graduating from Bashkir State University philology faculty, and after serving in the army, I began working in an editorial office of this magazine and I continued on this journey for almost 40 years. First, I worked as a literary assistant, then as an editor and for the last 30 years (until retirement!) as an editor in chief.

MA: Were you not bored of working in the same place all of your life?

MS: Working in the same editorial office is like living all of your life just with one wife. There are pros and cons to it. Each person is different. But in my opinion, a work you love is like a woman you love, there is never too much of it.

MA: Tell me, what is the meaning of your pen name? MS: In old Turkic mar means "pummel" and salim means "strong". As one Russian satire magazine "Noviy Krokodil" once wrote, I am a "strong pummel from Bashkiria"!

MA: What role does creative work take in your life? MS: Satirical writing became my way of life a long time ago. There were different circumstances in life, but I always stayed true to myself: I have never written anything specially for those in high positions and with a fat wallet. And now I am still opposed to anything that is bad. In support of the best traditions of Russian satirists, I aspire to protect those weak and honest, and to fight those powerful, but unjust. It is not the easiest thing to do, but it's absolutely necessary for development of the humanity.

MA: Your book, "The Book Which Has Never Been Written Before" was published in London under the ECG book series and was well-received in Britain. There was a presentation given at OEBF-2017 (Open Eurasia) Literature Festival in Stockholm and you were awarded a special prize as "Breakthrough of the Year" by the publishing house Hertfordshire Press. Yet, I do have a burning question. One of your two novels is titled "Love, Soviet Way". Can love really be defined by some country or some time period or epoch?

MS: Of course, it can! Because the events described there developed during the times, when there were no computers, no mobile phones, and, oh my, no Internet. And in such conditions in the centre of Eurasia somewhere on the spurs of the Ural Mountains lived the soviet people - our quite close ancestors. They were rather interesting, these soviets: they were honest, worked hard and fell in love without using Internet. And their love was of a special kind, it was soviet. Bashkortostan is the land of my ancestors, a wonderful land, counting its history from ancient times. It is renowned for its unusual nature, and cultural and historical monuments. The unique rock paintings of the Shulgan-Tash caves are more than 14,000 years old, and the ancient town of Arkaim is over 4,000 years. In the days of Herodotus, the Ural Mountains were known as Hyperborean Mountains. Some scientists say that the wheel was invented by Bashkir ancestors in the South of the Ural Mountains. I don't know if that is true, but I know for sure that Bashkortostan has been a source of inspiration for creative people for centuries.

MA: Very interesting. So, what is the meaning of "eur- asianism" for you?

MS: First of all, peace and friendship between nations. And, of course, love and respect! I titled one of my poems "Eurasia is in my heart".

MA: How has the Eurasian Creative Guild influenced your writing then?

MS: In my view, the Eurasian Creative Guild is a union of talented people. Unforgettable creative meetings, close association, bright speeches – all of these are beneficial to creative people. Thus, I was able to get to know famous British writers - David Parry, Laura Hamilton and John Farndon for example. Great people! At the meeting in Stockholm David hugged me as a brother.And in my speech at the festival I said: "One famous Englishman stated that humans come from monkeys. Maybe some of them do. But when I look at David smiling, I think to myself: he is definitely not from monkeys. Maybe, dear David, you come from cheerful and friendly Great-grand-Bashkirs, who lived in the centre of Eurasia." And then David smiled sheerly and gave me a big hug, saying: "Yes, I do come from them!" They say, there is a bit of truth in every joke. I don't know how big it is in my joke, but real scientists argue that Bashkir and British ancestors belong to the same haplogroup R1b. And it is a well-known fact that English and Bashkir languages share similar sounds and that we like drinking tea with milk just as the English do. So, David as well could be my distant relative. Who knows!

MA: Yes, that is amusing... Marcel, you are actively participating in events organized by Eurasian Creative Guild. How do you feel when you come home after a long journey?

MS: I am full of positive emotions! After each one of your events I come back creatively inspired, with new strengths and powers to write.

MA: In what future projects do you plan to take part? Maybe, you can share with us plans about some personal project of yours?

MS: No! I don't like boasting in advance.

MA: Then I'll put it this way: what are you working on currently?

MS: I've been working all of my life on one novel. It's about myself and about my fellow satirists. Some parts of it get to be published as feuilletons, short stories and poems... Still this novel turned out to be a life-long work...

MA: What qualities should a national author possess in order to break through into world literature?

MS: That one should be not only a break-through, but also a talent!

MA: But in your opinion, what is the most important point for a modern writer in his work?

MS: Being brave and objective! A writer should be interested in problems that are affecting the majority or even all of the people on our planet.

MA: I think so too. We need books like this! Thank you, dear Marcel, for our cordial conversation.

MS: See you next time!

Interview by Marat (Mark) AKHMEDJANOV.
(OCA MAGAZINE, 2020)

ЕТГ ОПЯТЬ В УФЕ!

*В июле 2021 года в столице Башкортоста-
на прошла встреча руководителей Евразийской творческой гильдии с деятелями литературы и искусства республики.*

В Национальной библиотеке им. А-З. Валиди
состоялась встреча руководителей Евразийской
творческой гильдии (Лондон) с членами ЕТГ и
другими представителями творческой сферы Республики Башкортостан.

Гостей приветствовал директор Национальной библиотеки Юлдаш Ураксин. Он отметил,
что встречи с творческим сообществом всегда
интересны и результативны, а Евразийская творческая гильдия не в первый раз гостит в Уфе.

О деятельности Евразийской творческой
гильдии рассказал вице-председатель ЕТГ Марат Ахмеджанов. По его словам, за время работы
товарищества издано 175 книг, в среднем по 25
книг в год. Особенностью издательства является работа с национальными авторами России и
Центральной Евразии. Гильдия оформилась в
2015 году как некоммерческая организация, по-
ставившая перед собой задачу оказания помощи
авторскому сообществу.

«Деятельность Евразийской творческой
гильдии растёт, о чем свидетельствует расшире-
ние диапазона: проводятся фестивали киноис-

кусства, поэзии, литературы, конкурсы по различным номинациям и жанрам. С каждым годом увеличивается численный состав ЕТГ. Если в мой первый приезд в Уфу было всего сто членов, то теперь нас стало более 2600. Одним из первых и активных членов гильдии является башкирский писатель-сатирик Марсель Салимов, участник встреч и фестивалей в Уфе, Москве, Лондоне и Стокгольме, автор книги, изданной в британском издательстве «Hertfordshire Press»», – отметил Марат Исмаилович.

В свою очередь, народный писатель Республики Башкортостан Марсель Салимов (Мар. Салим) представил презентацию «Евразийская творческая гильдия глазами башкирского писателя-сатирика». Его книга на английском языке «The Book Which Has Never Been Written Before» («Книга, какой ещё никто не писал»), удостоенная специальной премии «Прорыв года» (Великобритания) и Международной литературно-художественной премии имени Джека Лондона (США), передана в дар королеве Великобритании Елизавете II. Теперь эта книга выдающегося башкирского сатирика имеется в фондах королевской библиотеки, а также в главных библиотеках многих стран. Марсель Шайнурович подарил Национальной библиотеке им. А.-З. Валиди свою новую книгу на английском с автографом.

Исполнительный директор ЕТГ Татьяна Шевченко показала фильм, объёмно и разнопланово осветивший работу Евразийской творческой гильдии. В своём выступлении она ещё раз подчеркнула, что гильдия – это некоммерческая организация, и она не занимается типографской деятельностью. Конкурсы на издание выигрывают лучшие работы и они проходят сложный процесс создания книги, которая будет читаться на русском, английском и национальных языках. Мультилингвальный подход расширяет географию языка, культуры, творческого сообщества и позволяет выходить достойной национальной литературе на международный уровень.

В мероприятии приняли участие председатель Союза писателей РБ Заки Алибаев, начальник отдела печатных СМИ Агентства по печати и средствам массовой информации РБ Неля Гайнетдинова, председатель совета Фонда культуры им. М. Гафури, член ЕТГ Люция Камаева, а также известные башкирские поэты, писатели, художники, журналисты Тамара Искандария, Хисмат Юлдашев, Камиль Зиганшин, Зухра Буракаева и другие.

Марат Ахмеджанов передал в дар Национальной библиотеке книги, изданные Евразийской творческой гильдией.

30 июля 2021 года.
Источник:
https://www.bashkortostan.ru/presscenter/
news/384459/

Фестиваль-конкурс «XII Open Eurasia: Super Cup 2023» (Лондон). Казахстан, Бурабай, 2023. – Festival competition "XII Open Eurasia: Super Cup 2023" (London). Kazakhstan, Burabay, 2023.

КАК ЮМОР ОБЪЕДИНЯЕТ НАРОДЫ МИРА

Осенью 2023 года в Казахстане, в курортной зоне Бурабай, состоялись международный литературный фестиваль «Открытая Евразия» (XII Open Eurasian Literary Festival & Book) и фестиваль поэзии и визуальных искусств «Голоса друзей» (III Voices of Friends: Poetry & Art), которые были организованы британской некоммерческой организацией Eurasian Creative Guild (Лондон). Это значимое культурное событие собрало известных поэтов, прозаиков, публицистов, художников, музыкантов и кинематографистов из России, Казахстана, Великобритании, США, Австралии, Германии, Польши, Болгарии, Беларуси, Узбекистана, Кыргызстана, Азербайджана, Армении, Грузии, Литвы, Финляндии, Израиля, Пакистана. Финалист конкурса «Открытая Евразия: Супер Кубок – 2023», Золотой лауреат Евразийской премии и лауреат многих других международных литературных премий, народный писатель Башкортостана Марсель Салимов (Мар. Салим) принял участие в фестивалях в качестве спикера.

В течение пяти прекрасных осенних дней в комфортабельных отелях на берегу озера Щучье прошли творческие встречи с именитыми писателями, композиторами и исполнителями, пер-

сональные презентации, художественные выставки, арт-перформанс, поэтический марафон,
показы фильмов и панельные дискуссии с их
режиссерами, концерты с участием знаменитых
артистов и ансамблей и другие знаковые ивенты.

На официальной церемонии открытия
участников фестивалей приветствовали вице-председатель Евразийской творческой гильдии (ECG) Марат Ахмеджанов, директор департамента фестивалей и соучредитель ECG Анна
Лари, исполнительный директор ECG Тайна
Каунис, депутат маслихата Бурабайского района
Олеся Баимова, председатель международной
неправительственной организации «Всемирный
союз казачьих атаманов», Верховный Атаман
Юрий Захаров. Представитель Башкортостана
Марсель Салимов передал всем братский «са-
лям» с родины Урал-батыра и Салават-батыра.

Поэт-юморист на международном марафо-
не «Голоса Евразии» прочитал своё коронное
стихотворение «Стрелы Амура башкирского
сатирика с французским именем» о славных
предках-воинах, «проводивших» незваного гостя Наполеона до дому. По итогам поэтического
конкурса Мар. Салим был награжден медалью
имени Барбары Юрковской-Навроцкой, кото-
рую вручил глава польско-британской организации Poezja London Адам Семенюк.

Одним из ярких литературных событий стала «живая встреча с пока живым сатириком»,

соучредителем первого в мире Общества юмора народов, обладателем Индульгенции Международного Габровского Дома юмора и сатиры, носителем почётных званий «Посол мира», «Золотое перо России» и «Золотое перо Руси», – творческий вечер Мар. Салима «С башкирским смехом по всему свету». Открывая вечер, учредитель и руководитель Евразийской творческой гильдии Марат Ахмеджанов сказал: «Наш аксакал, старейший член ECG, всемирно признанный мастер смеха Марсель Салимов – автор полсотни книг в жанре юмора и сатиры. Его произведения переведены почти на 50 языков мира, две книги вышли на английском языке. Одна из них издана у нас, в Великобритании, в нашем издательстве. В позапрошлом году на фестивале «Открытая Евразия-2021» в Узбекистане Международная ассоциация «Генералы мира за мир» наградила заслуженного работника культуры России и Башкортостана, кавалера ордена Дружбы Марселя Салимова медалью «Голубь мира» за лучшее произведение, посвящённое теме укрепления мира, дружбы и взаимопонимания между народами. Так как Марсель Шайнурович не смог приехать на наш фестиваль, мы не смогли тогда вручать ему эту медаль. И вот, наконец, награда нашла героя!»

В ходе живого диалога Мар. Салим ознакомил своих коллег с новостями литературной жизни в России и Башкортостане, рассказал о перспективах развития сатиры и юмора, поделился воспоминаниями о встречах с выдающимися советскими писателями. На большом экране он продемонстрировал исторические фотоснимки, видеозаписи и подготовленные Национальной библиотекой им. А-З. Валиди презентации «Как один башкирцът посмеялся в Габрово», «Посол мира и юмора», «Ах вы, мои великие друзья!» Участвовавшие в живой встрече видные казахские писатели Нурлан Токсанов, Мурат Уали, Бахтыгуль Маханбетова, Салтанат Хамзеева, Баянгалы Алимжанов, Клара Кабылгазина, Марина Алясова, Шамшия Жубатова, а также Темирбек Джолдобоев и Азим Акматов из Кыргызстана, Олег и Михаил Куницкие (Беларусь), Ленар Шаех (Россия, Татарстан), Ольга Шпакович (Россия, Санкт-Петербург), Александр Казарновский, Паулина Гейбль-Кравц и Нина Ягольницер (Израиль), Таня Иванова (Болгария), Людмила Воеводина (Литва) и другие высоко оценили творческую и общественную деятельность башкирского писателя и журналиста по укреплению дружбы евразийских народов и литератур.

Специально приехавший из Астаны на творческий вечер сатирика президент Международного содружества народной дипломатии, сопредседатель Литературного совета Ассамблеи народов Евразии, президент международного конкурса «Литературная Азия», всемирно известный казахский публицист и общественный деятель Бахитхожа Рустемов вручил Марселю Салимову медаль имени Султана Бейбарса за выдающийся вклад в международное литературное движение и вклад в дружбу между народами мира. В ответ писатель-сатирик передал в дар Национальной библиотеке Республики Казахстан свои книги на русском, башкирском и английском языках.

Кульминацией и самым ожидаемым событием, несомненно, стала церемония награждения победителей фестиваля-конкурса «XII Open Eurasia: Super Cup 2023», прошедшего в этом году в уникальном формате: за первые места боролись лучшие из лучших – финалисты прошлых лет. По решению международного жюри, Марсель Салимов был признан победителем в категории «Нон-фикшн». В разных номинациях 1-ое место также заняли Лусине Алексанян из Армении, Андрей Гродзинский из Узбекистана и казахские писатели Нурлан Токсанов, Марина Алясова, Бахтыгуль Маханбетова.

В рамках фестивальной недели прошли презентации мира казахской литературы, общественной организации «Новис» и творческого сообщества Бурабайского края, а также II международный кинофестиваль BISFF.

В предпоследний день вечером гостей ждал Гала-концерт, где своим творчеством их вдохновили композитор Уоррен Уиллс (Австралия), певица и продюсер Марина Башманова (Кыргызстан), вокально-хореографический ансамбль «Звонница-Наследие» из города Петропавловска. Выступая на этом зрелищном мероприятии, самый старший по возрасту участник, лауреат фестиваля Марсель Салимов сказал: «Теперь мы с радостью и гордостью можем констатировать, что на гостеприимной казахской земле успешно прошёл очередной форум творческих деятелей, который стал для нас настоящим праздником. Поблагодарив хозяев и организаторов нынешних фестивалей, хочу присвоить учредителю и вице-председателю Евразийской творческой гильдии Марату Ахмеджанову звание «Золотой руководитель», – и подтвердил своё решение вручением ему книги «Золотой человек».

Приятным финальным аккордом, давшим итог всему форуму, стало торжественное открытие мурала на Стене памяти арт-резиденции ECG HORIZONS (Burabay) послом Великобритании в Казахстане Кейси Лич. Мурал был создан в течение фестиваля британскими художниками во главе с руководителем общественной организации NO Collective Натали Бейс. В гостиной арт-резиденции башкирский юморист встретился с «живой» королевой Елизаветой II, которой незадолго до смерти подарил свою «Книгу, какой ещё никто не писал» («The Book Which Has Never Been Written Before») с письмом: «Глубокоуважаемая Ваше Величество! От души поздравляю Вас с юбилейным Днём рождения и дарю Вам свою книгу о жизни и любви моих соотечественников, проживающих в центре Евразии».

Стоит отметить, что Евразийская творческая гильдия за 12 лет проведения фестивалей объединила более 11 тысяч участников из 83 стран мира, став самой большой и престижной площадкой для продвижения творчества деятелей культуры и искусства стран Евразии.

В приграничном с Россией городе Петропавловске председатель Всемирного союза казачьих атаманов Юрий Захаров устроил тёплый приём для почётного гостя из Башкирии. Верховный Атаман передал потомкам «северных амуров» – башкирским казакам братский привет и свежие номера международной газеты «Казачий курьер».

Творческий визит Марселя Салимова в братскую Республику Казахстан ещё раз подтверждает правоту первого председателя ECG, выдающегося английского поэта и писателя Дэвида Пэрри, который написал о том, как позитивный юмор знаменитого российского писателя с Урала объединяет народы Евразии.

Победа башкирского народного писателя в популярном международном конкурсе вызвала большой резонанс в мировом медиа-пространстве. «Литературная газета» (Москва) в статье «Марселя Салимова оценили в Британии» сообщила, что выдающийся башкирский советский и российский сатирик и юморист, поэт и публицист Мар. Салим в качестве награды получил грант на издание своей книги в одном из самых престижных издательств Лондона – «Hertfordshire Press». Победа в британском конкурсе является подтверждением яркого таланта этого всемирно известного автора.

Конкурс «Open Eurasia» является одним из самых авторитетных литературных турниров Евразии. Проводится с 2012 года Евразийской Творческой Гильдией (ECG). Привлекает тысячи писателей со всего мира. В 2023 году конкурс проходил среди лучших из лучших – финалистов прошлых лет. Были поданы заявки из 55 стран.

Планируемая книга Марселя Салимова представляет собой собрание рассказов и историй, полных остроумных наблюдений и неожиданных поворотов. Называется этот необычный сборник серьёзных записок юмориста «С улыбкой по всему миру».

«Книга отражает яркую личность и одновременно тонкое искусство самого Марселя Салимова. Его стиль поразит читателей своей проницательностью и юмором, открывая их глаза на множество аспектов современного общества. Мы гордимся тем, что проект "Открытая Евразия" дает возможность таким замечательным талантам, как Марсель Салимов, раскрыть свой потенциал и получить признание зарубежной аудитории», – прокомментировал директор издательства «Hertfordshire Press» Марат Ахмеджанов.

(По материалам пресс-службы ECG).

НА ЯЗЫКЕ ДРУЖБЫ

«Творчество башкирского писателя Марселя Салимова, доступное теперь и англоязычным читателям, в особой остроумной манере знакомит с жизнью и культурой весёлого и дружелюбного башкирского народа, проживающего в центре Евразии».

Лаура ГАМИЛЬТОН,
председатель Евразийской творческой гильдии
Лондон, 2017

IN THE LANGUAGE
OF FRIENDSHIP

«The work of Bashkoristan author, Marcel Salimov is now available in translation and provides new English speaking readers with a much welcomed and witty introduction to the lives and culture of the cheerful, friendly Bashkir people of Central Eurasia».

Laura HAMILTON,
chair, Eurasian Creative Guild
London, 2017

На Международном литературном фестивале «OEBF-2017» («Открытая Евразия»). Стокгольм, 2017. – At the International Literary Festival "OEBF-2017" ("Open Eurasia"). Stockholm, 2017.

НА БАШКИРСКОМ ЯЗЫКЕ
IN THE BASHKIR LANGUAGE

КӨЛӘ БЕЛГӘН ДУҪТАРҒА
(Откровенное слово сатирика)

Көлә-көлә киләм һеҙгә,
Көлә белгән дуҫтарым.
Һеҙҙең менән күрешергә
Ҡысый минең устарым.

Ауыҙым йырылып тора –
Мөмкин түгел көлмәҫкә.
Көлөп йәшәгән ғүмерҙең
Ник ҡәҙерен белмәҫкә!

Әйҙәгеҙ, бергә көләйек –
Ябылмаһын ауыҙҙар.
Көлгән кешене яратмай
Тик ямандар, яуыздар.

Сатирикты бөтәһе лә
Һөйөп тормай арҡанан.
Күреү менән ҡурҡып ҡаса
Фәхишә, бур, наркоман.

Беҙҙе үлеп күрә алмай:
Шешә төбөн ялаусы,
Тыштан ялтыраҡ ялағай,
Аҫтан кисеп ямаусы.

47

Телемде тыйырға итә
Түмәрләнгән түрә лә.
Тик уларға иҫем китмәй,
Халҡым булһа эргәлә.

Хуп күрәйек эске түгел,
Фәҡәт көлкө туйҙарын.
Күңелегеҙҙе йылытһын
Минең йылмайыуҙарым!

НА РУССКОМ ЯЗЫКЕ
IN RUSSIAN

ЧАЙ С МЁДОМ

В нашем коллективе есть такой обычай: в день получки один из сослуживцев ведёт всех в ресторан. Через месяц – другой, и так далее, по кругу.

Настала очередь Хамата нас угостить. Пошли, как обычно, в ресторан. А там Хамат и говорит, что со вчерашнего дня бросил пить. Решил вести трезвый образ жизни.

Призадумались мы здесь не на шутку. А ведь, действительно, он прав. Что толку от этой пьянки? Деньги кончаются, время проходит впустую, здоровье подрывается.

Угостил нас Хамат чаем с мёдом. И ничего, утром все свежие, и проблем никаких.

Однако через месяц, когда очередной коллега хотел угостить нас чаем с мёдом, Хамат неожиданно возмутился:

– Ты чего это, ломаешь традицию?!

– Так ты же бросил пить, – говорим мы.

– А я снова начал!

– Ну, если снова начал, тогда, конечно, другое дело...

И гульнули мы от души. Совсем как в старое доброе время.

МНОГОЯЗЫЧНЫЙ БАШКИР

«...Башкирец застонал слабым, умоляющим голосом и, кивая головою, открыл рот, в котором вместо языка шевелился короткий обрубок».

(А.С. Пушкин, «Капитанская дочка»)

Великий Пушкин знал, что значит – боль,
И рассказал открыто перед миром,
Как умирала крепостная голь
И вырезали языки башкирам.

Он сострадал им… Как не сострадать,
Когда в России в те лихие годы
Мог с языком и жизнь свою отдать
Любой из тех, кто захотел свободы...

Ну, а сегодня я листаю том
Великого поэта всенародно.
Мой край свободен, как родимый дом,
И мой язык бытует в нём свободно.

Есть Пушкинская улица в Уфе,
И Пушкину там памятник поставлен.
Есть дух свободы в пушкинской строфе –
В башкирских песнях этот дух прославлен.

Сегодня я – совсем не тот башкир,
Что ни запеть не мог, ни молвить зычно,
Что жил, сверкая рёбрами из дыр…
Сегодня я башкир – многоязычный!

Мой голос нынче в каждый дом проник,
Ему внимают в высших кабинетах –
То наш великий пушкинский язык
Мне открывает двери всей планеты.

Пусть видит ныне весь обширный мир –
И сельский житель, и народ столичный,
Как безъязыкий пушкинский БАШКИР
Сегодня стал башкир – МНОГОЯЗЫЧНЫЙ!

Стихотворение перевёл на русский язык:
Николай ПЕРЕЯСЛОВ.

НИКОЛАЙ ПЕРЕЯСЛОВ
Поэт, прозаик, критик, переводчик стихов зарубежных и национальных авторов. Член правления Союза писателей России, председатель совета СПР по художественному переводу.

НА ТАТАРСКОМ ЯЗЫКЕ
IN THE TATAR LANGUAGE

МЕҢ ДУСЫМ БАР
(Послание башкирского юмориста татар-ским друзьям)

Уфа-Казан юлларында
Адым саен багана.
Башкортларга, татарларга
Килде иркен замана.

Әйдә, туган, жырлап жибәр
Баламишкин көенә.
Татар, башкорт дус булганга
Урыслар да сөенә.

Меҥ чакрымнар түгел безгә,
Яп-якын гына Казан.
Казаннарга килдем исә,
Очынып китәм, азам,
Хәтта акылдан язам.

Чөнки монда… Күршеләрнең
Тавыгы да каз кебек.
Казанның әбиләре дә
Миҥа почти кыз кебек.

Казаннарда меҥ дусым бар,
Меҥесе дә бер төсле:

Көләч йөзле, шаян сүзле,
Ак барыс кебек, көчле.

Кунак булып барам әле
Казандагы бер дуска –
«Ташлашмабыз үлгәнче!» – дип,
Җырлап эчәргә бушка.

Син дә мин генә яшибез –
Бу дуслык килә каян?
Өфедә «Һәнәк» елмайса,
Казанда көлә «Чаян».

ХАЛЫК САТИРИГЫ
МАРСЕЛЬ СӘЛИМГӘ

(Посвящение народному писателю, создаю-
щему свои произведения на башкирском, русском,
татарском языках)

Якын дустым Мар. Сәлим!
Кышын туган – Кар Сәлим!
Холкы җиңел – Шар Сәлим!
Түрәләргә «Жар» Сәлим,
Әйтә кебек: «Жар салыйм!»
Уен-чыны Пар Сәлим!
Сөйгәненә Яр Сәлим!
Шигърияттә Нар Сәлим,
Әйтерсең, Анар Сәлим!
Юмор-сатира илендә

Кабыргаң санар Сәлим!
Әле дә син бар, Сәлим!
Мәңге яшә, Мар. Сәлим!

Ленар ШӘЕХ.

ЛЕНАР ШАЕХ

Поэт, переводчик, детский писатель, заслуженный деятель искусств Республики Татарстан, член Союза писателей России и Евразийской творческой гильдии.

НА АНГЛИЙСКОМ ЯЗЫКЕ
IN ENGLISH

UPBRINGING

My wife swears like a trooper all the time, all day long. The matter is our son. It seems to her that I am a bad tutor. Of course, I am a poor tutor. But how can I bring him up right enough? My son used to come home with a bad mark. Well, I used to scold him or whip or push into the comer. My wife says over and over again that it is not a proper way of upbringing. I wonder what way it must be.

One day I came home tired after my working day.

"That will do!" my wife says. "Don't take your coat off. Just go to the school to the parent committee's meeting. Why is it only me who goes there?"

There was nothing I could do. So I went to the school. To tell the truth, I was in no mood for going there. Without dinner.

There is my son's school, like all other schools. Well, schoolboyish behaviour and tricks ... But I hardly expected that my son's class monitor was such a beauty.

"Darling", I said. "I apologise for my blockhead son who gets "two's"."

"Sorry, but I am not "darling" at all. I am Tankhlu Fazilovna".

I was embarrassed. For all that I have to bring my son up. Though I myself am certainly not a well brought up man. I offered apologies once more: my blockhead son wasn't brought up by any educational system, like Makarenko's one. He was brought up only ftime to time...

"Don't wor ronm ry", Tankhlu Fazilovna says and smiles. "Your son is gifted. But you see, he is unorganised. You and me both have to bring him up.

She characterised my son so precisely that I was astonished. She seemed to know him much better than me. Since then I started educational process, jokes aside. In exactly the way Tankhlu Fazilovna recommended. And the result followed. Just in one day my son got a "four". I rushed to the school, although my wife insisted on not going there.

"You are a success some way", says Tankhlu Fazilovna. " You are a natural teacher". Is there anyone who dislikes being praised? I continued eagerly. I bought many books on pedagogics. I became more attentive to the children playing in the yard. What if they will be brought up more skilful? My son and I began to go to the cinema and museums, to folk art exhibitions. Tankhlu Fazilovna took part in all these cultural events.

BURDOCK

Among the flowers that thrilled just any glance
In sheer silence on a bright meadow
His Majesty the Burdock got by chance
And then at once began to grow.
"Oh, what a place! This meadow is my mother!
I am so glad! To stay here I intend,
And to you all", he cried, "my flower-brothers
I will keep true and be your real friend."
At first the flowers were glad to see their neighbour:
"Why not? So grow up, feel our care and love..."
But Dock began to boast and still too early, maybe
His head was swelled too much and stood up high
above:
"Move over, you, petty grass and bushes
I'm not afraid of thunderstorm and frost.
Or else I will by chance just push you
For I will be the King and I need here the most.
For my grand look I'll need all near space!"
The grass backed off, all bowing and wince:
"Oh He's our real brother by his face,
If not a King, then certainly a Prince."
The Dock grew up for each one in surprise,
And he began to bloom, as if in paradise.
One little blade of grass peeped -
"How he is daring!"
The others:
"Wait! What fruit is he still bearing?"
The glade was living, so it would last

The grass and berries were growing too fast
And then the mowers came and did their mortal
deed
And all the grass went down as in need.
But what of our burdock?
He's still there
An empty meadow he does not adorn,
All was in vain, the land around is bare
And one can see only his ugly thorns.
The king is dead,
But look here in a year,
Or come again whenever it's your way –
You'll see the heads so proudly he bears
While all the flower would be far away.
He will not leave for others little place,
Considering himself the best in this whole land
To only him belong all time, all things, all space...
Oh save us God from people of this kind!

IT'S ME!

Oh, there are miracles, you know,
In your glitter you're a birch-tree fair,
Maybe from the sky there comes the snow
Right onto your fluffy charming hair?
These are not cold snowflakes, my love,
But to know me better very soon
I will cover you with pearls from high above
Which I take just from the oval moon.
And it falls on woods and fields of corn...

Sitting on the moon in sparkling gown
It is me who all around adorns
And the pearl continues to fall down.

I WILL FALL UPON
YOUR CHARMING ROSES

Empty streets and squares, it is hot.
People hide up in the shadow a lot,
And I thought, what if I now appear
If a form of water from the pot,
What then will you say to me, my dear?

I'll be even rain just like I chose,
It is not a warning, simple prose –
Even as a drop I will find you!
I will fall upon your charming roses
Growing in your garden sad and blue.

(MODERN RUSSIAN LITERATURE
IN ENGLISH. – Moscow, 2014)

Сатирик с Джоном Фарндоном и Маратом Ахмеджа-
новым. Москва, 2020. – The satirist with John Farndon
and Marat Akhmedjanov. Moscow, 2020.
Встреча с руководителями гильдии. Уфа, 2021. –
Meeting with guild leaders. Ufa, 2021.

НА ФРАНЦУЗСКОМ ЯЗЫКЕ
IN FRENCH

«LES FLECHES DE L'AMOUR»
DU SATIRIQUE BACHKIR
PORTANT LE NOM FRANÇAIS

Surtout les détachements des Bachkirs, armé des lances et des arc nous pressent.

(Des notes du mémorialiste français Dupui)

Ils couraient autour de nos troupes, comme les essaims des guêpes, en pénétrant partout.

(Des mémoires du général napoléonien de Marbo)

Les Européens - les sourcils arqués -
Goûtent mon nom
Et qu'est-ce que c'est?
– Ms'e Marseille, tu es français?
Je réponds: – suis de l'Oural!
Là mon nom, pardon,
Les Bachkirs ont aimé,
Comme les vins de Bordeaux.
Est-il possible? Pas possible ?!
Où Oufa, et où Paris?!
Et des montagnes de l'Oural,
Tu ne l'examineras pas.
– Quoi, nous nous rappellerons le temps passé,
– Je dis à mes amis, –

Cette «visite» de Napoléon
Elle nous a beaucoup plu:
Les Russes avec les Bachkirs
(Chevaux, chevaux – le tourbillon de poussière!)
On a accompagné l'empereur-idole
Avec la brise légère.
Se tordaient par l'essaim, comme les guêpes,
Pour que personne ne s'ennuie pas.
Et Paris par la question muette
Rencontrait les cavaliers bronzés.
Les français cultivés voient
De ses propres yeux: «Qui est-ce» ?
L'arc et les flèches ...
Ces «muses»
Ne mèneront pas au bien».
Attendent le massacre. Attendent le défaut.
«Ont attendu ... – soupirent et gémissent. –
Faire boire les chevaux dans les fontaines –
Cela du tout le mauvais ton!»
Les parisiens se sont habitué,
Aux hardis cavaliers – les voilà! –
Ne prennent pas le butin de guerre,
Et la guerre pour eux n'est pas la guerre.
Epris de liberté, ne sont pas tristes,
Qu'entreprendront – il y aura le sens.
Le régiment des bachkirs a mérité.
Le nom «des Amours du nord»
Eh bien, j'ai poli le lustre,
Ils ont fait une faute.
Charmer les coeurs des belles femmes –

Et cela n'est pas la faute?
Voici Marat, Marseille, Diane,
Voici Louiza ... au pays natal
Les noms au lieu des tributes
Emmenait le Bachkir, lui-même.
Et quand il y a une telle affaire,
Quelqu'un veut faire la guerre ?
Ne prélevez pas! – on en a marre
«Accompagner» tous jusqu'à la maison
Oui, le bachkir est hospitalier.
Est-ce qu'il n'est pas le fils de ce pays –
Le pays de steppe, où jusqu'à present
Les coursiers ne se sont pas refroidis?
Deux siècles sont passées.
D'année en année deux cents ans.
C'est beaucoup ou cela est peu?
Qui pourra me donner la réponse?
Je suis agité par la centaine de pensées,
Je suis revenu de nouveau à Paris
Et je vois de la colline
Les Champs Elysés.
La tour Effel je ne la toucherai pas,
Et les fontaines – je les passe de coté.
Sur les gazons verts
Je ne remettrai le pied.
Les flèches satiriques
J'ai mis au mont-de-piété, et moi, je suis ici!
Ménestrels, rencontrez
Il n'y a pas ni l'arc, ni la lance.
L'arrière-petit-fils „des amours du nord»,

Je marche à Paris ...
Et les flèches de l'Amour
Je ne trouverai pas pour les jolies femmes ?!

PARIS

– Où se trouve Paris ?
Sans trop de mots:
– Sur l'Oural! – j'affirme ...
Là les descendants des cosaques
Habitent dans cette village.
Des cosaques bachkirs,
Qu'à Paris, et pas au bal
Ont été en visite parmi les palais
Et n'ont même pris un clou avec.
Mais la beauté des françaises-fiancées –
Est beaucoup plus chère que l'or en barre!..
Le poud-autre au cheval n'est pas le poids,
Et pour le hardi cavalier - être riche!
Et plus haut que les toits de Versailles
L'ercule transportait le rêve du lointain,
Pour voir sa petite village – Paris
Plus vite, plus vite sur son Oural.
Ainsi Paris-Bachkir est apparu
Et vit facilement et simplement...
Glorifie, le coq, le monde des alentours
Le matin poliphonique!
Ni le chagrin, ni les soins,
Ni une autre quelle tristesse ...
Et vas y, demande le peuple,

Il dira: «On a vu tout».
...L'Oural chenu est endormi
Dans la fumée -
La frontière eurasienne.
Dort Paris. Et à son rêve
Il voit son aîné homonime.

(LA LITTÉRATURE RUSSE
CONTEMPORAINE EN FRANÇAIS. – Moscou,
2016)

НА НЕМЕЦКОМ ЯЗЫКЕ
IN GERMAN

Bekannter russischer Schriftsteller, Satiriker, Dichter, Publizist und Persönlichkeit des öffentlichen Lebens. Der Hauptredakteur der baschkirischen satirischen Zeitschrift «Henek» in den Jahren von 1980 bis 2010, Gründer und erster Hauptredakteur von russischer humoristischer Zeit - schrift «Heugabel» (1992—2010), Vorsitzender des Journalistenverbandes der Republik Baschkortostan (1996 — 2006). Mitgründer der ersten Gesellschaft für Humor verschiedener Völker (Gabrovo). Mitglied der Akademie der Wissenschaften und Kunst, korrespondierendes Mitglied der Akademie der russischen Literatur und Akademie der Poesie. Preisträger von internationalen Literaturprämien «Aleko» (Bulgarien) und Michalkov — Prämie (GUS). Verdienter Künstler der Russischen Föderation und der Republik Baschkortostan, Träger des Freundschaftsordens. Autor von dreißig Büchern auf Russisch, Baschkirisch, Tatarisch, Bulgarisch und Tschuwaschisch. Einige von seinen Werken sind in mehr als 50 Sprachen übersetzt und in vielen Auflagen in Russland und im Ausland herausgegeben worden...

DAS BIN ICH!

Auf der Welt gibt es verschiedene Wunder —
Mit Pailletten ähnelst du der Birke.
Sind es Schneeflocken, die vom Himmel fallen,
Auf deine flaumige Frisur?

Nein, das sind keine Schneeflocken.
Und damit du mich immer erkennst,
verberge ich nicht mein Geheimnis:
auf deinem Kopf schüttle ich Perlen vom Mond.

Und auch Häuser, Berge und Fichten
schmücke ich tagsüber und nachts,
bin ich extra zum Mond hinauf gekrochen,
um dich mit Perlen zu bestreuen.

OH, WIE DU BIST!..
Oh, wie du warst
In unserem Leben jungen!
Mit deiner launischen Eifersucht
Hast mich gequält, hast mich entkräftet,

Vorwürfe machend wegen Nichts.
Du hieltest mich wie in Gefangenschaft,
du warst so dumm eifersüchtig,
sogar auf die, die hundert Jahre sind.

Du warst auf Himmel eifersüchtig,
auf Garten, Sonne und aufs Meer.

Und ehrlich weiß ich immer noch nicht,
womit verdiente ich so ein Pech.

Du hast dich selbst damit entkräftet,
du liebtest so und quältest dich gleich.
Und wofür — das ist doch zum Verrücktwerden!

für uns das Schicksal so böse war?

Und jetzt ist alles Ruhe und Eintracht.
Die Leidenschaften sind längst vorbei.
Und immer öfter besucht uns selig
das Glück als willkommener Gast.

Trotzdem dunkelt es in meiner Seele,
von Sorgen bin ich abgequält:
Bist du denn nun so klug geworden,
oder bin ich nun so... alt jetzt?

*(ANDERE UFER : Die Sammlung der modernen
Russischen Literatur. –
Die internationale Union der Schriftsteller —
Niederlassung in Frankfurt am Main, Deutschland,
2015)*

MEINEM FERNEN FREUND*

Guten Morgen, mein Freund!
Ich schreibe dir von weitem.
Mein lieber deutscher Genosse,
Ich nahm deine Adresse
Aus einer Zeitschrift.

Mein lieber ferner Freund,
Ich habe dich noch nicht gesehen,
Wie siehst du aus.
Aber meine:
du bist nicht grob.
Du bist fleissig und brav.

Ich höre deine Stimme von weitem,
Du bist für den Frieden
der ganzen Welt.
Und diese Stimme ist laut,
Denn alle wiederholen
immer laut:
– Es lebe der Frieden
in der ganzen Welt!
Sep.1967

----

* Это стихотворение о мире и дружбе написано 18-летним башкирским поэтом Мар. Салимом на немецком языке.

НА БЕЛОРУССКОМ ЯЗЫКЕ
IN THE BELARUSIAN LANGUAGE

НЕЛЬГА ЗАСТАВІЦЬ
ЧАЛАВЕКА СМЯЯЦЦА

Башкірскі пісьменнік Марсель Салімаў расказаў аб дружбе з беларускімі сатырыкамі:

– За гады работы ў рэдакцыі часопіса «Хэнэк» («Вілы») мне ўдалося наведаць усе сатырычныя выданні краіны, акрамя беларускага «Вожыка». У 1997 годзе я ліквідаваў гэты прабел і пабываў у Мінску як старшыня Саюза журналістаў Башкартастана, член Федэратыўнага савета Саюза журналістаў Расіі і член савета Міжнароднай канфедэрацыі журналісцкіх саюзаў (МКЖС). На міжнародным семінары журналістаў, які праходзіў там, мне ўрэшце ўдалося цесна пагутарыць з беларускімі сябрамі і калегамі па сатырычным цэху. Наведаў рэдакцыю часопіса «Вожык» і пабываў у гасцях у галоўнага рэдактара — вядомага беларускага пісьменніка-сатырыка Валянціна Блакіта.

З Валянцінам я пасябраваў яшчэ ў савецкія гады. Некалькі разоў мы сустракаліся ў Маскве на ўсесаюзных мерапрыемствах галоўных рэдактароў сатырычных часопісаў СССР. Ён быў галоўным рэдактарам 13 гадоў — з 1987 па 2000 год.

Менавіта ў гэты, мякка кажучы, няпросты для краіны перыяд, актыўна развіваліся брацкія творчыя сувязі паміж башкірскімі і беларускімі сатырыкамі. Мы ўвесь час арганізоўвалі абменныя падборкі: у нас друкавалі творы беларускіх аўтараў, а ў «Вожыку» — башкірскіх.

У тыя «развальныя» дзевяностыя гады маскоўская «дэмакратычная» прэса, як правіла, адмоўна прадстаўляла Беларусь, а цэнтральнае тэлебачанне часта падавала маладога яшчэ прэзідэнта Аляксандра Лукашэнку як адпетага рэтраграда. Ні крытыкі, маўляў, там, ні свабоды друку. Я ж на свае вочы пераканаўся, што беларуская рэчаіснасць зусім не адпавядала гэтым навязаным звонку стэрэатыпам. І «Вожык», наш калючы сябар «Вожык», 1941 года нараджэння, дзякуй Богу, быў жывы-здаровы, выходзіў рэгулярна, хоць іголкі яго некалькі прытупіліся і тыраж упаў. Гэта і натуральна - пасля развалу Савецкага Саюза сатырычныя выданні былых саюзных рэспублік перажылі невясёлыя часы. Нават у «звышдэмакратычнай» Эстоніі перастаў выходзіць часопіс сатыры і гумару. Хоць добры быў «Пікер», названы ў гонар эстонскага бога маланкі і які выдаваўся ў Таліне з 1943 года па 1991-ы.

На канферэнцыі ў Мінску сустрэчы, гутаркі, дыскусіі і нават сутыкненні супрацьлеглых меркаванняў аб Беларусі насілі шчыры, адкрыты характар. Нас прыняў сам прэзыдэнт Аляксандр Лукашэнка. Пагаварыў ён з намі, як кажуць, па душах, адказаў на ўсе пытанні журналістаў. Я таксама не маўчаў: пытаўся пра ягонае стаўленне да таго, што адбываецца ў нашай агульнай Радзіме — СССР, пра перспектывы развіцця эканамічных і культурных сувязяў паміж Башкартастанам і Беларуссю, пра ўмацаванне сяброўства паміж нашымі народамі.

Падарыў яму сваю сатырычную кнігу «Важная персона», якую ўручаў толькі службоўцам, дэпутатам і іншым начальнікам. У размове з прэзідэнтам я таксама сказаў, што «Вожык», вядома, добры часопіс, але нешта не відаць там самога прэзідэнта, на што Аляксандр Рыгоравіч, усміхнуўшыся ў свае знакамітыя вусы, адказаў: «Добра, скажу ім — няхай намалююць на мяне карыкатуру...»

Як гаворыцца, ісціна пазнаецца ў параўнанні. Параўноўваючы сатырычныя выданні СССР і СНД, я кожны раз пераконваўся, што сатыра, нягледзячы ні на што, працягвае жыць. Можна на час заглушыць, забараніць, змяніць, але ўсё роўна прарвецца да чытача яе жывое, колкае, часам бязлітаснае слова. Можна сілком прымусіць чалавека зрабіць многае, але нельга прымусіць яго смяяцца, цешыцца, быць шчаслівым. Нашы «Хэнэк» і «Вожык», мне здаецца, рабілі ўсё магчымае і немагчымае, каб чалавеку стала хоць крышачку лягчэй у той незразумелы шмат каму пераходны час. Каб чытач хоць раз у месяц, атрымаўшы чарговы нумар гумарыстычнага часопіса, засмяяўся б ад душы, забыўшыся на час пра паўсядзённыя і бясконцыя нягоды нашага нялёгкага жыцця.

Я распавёў пра сваю паездку ў Беларусь першаму прэзідэнту Башкартастана Муртазе Рахімаву. Муртаза-агай вельмі ўважліва, зацікаўлена слухаў мяне і сказаў напаўжартам:

- Правільнай дарогай ходзіш, Хэнэк! Мы якраз збіраемся развіваць сяброўства з беларускімі братамі.

Пачаты яшчэ больш за чвэрць стагоддзя таму курс на ўмацаванне эканамічных і культурных сувязей паміж Башкортастанам і Беларуссю паспяхова прадаўжаецца цяперашняй уладай рэспублікі. І гэты курс дае свой плён.

Падчас сустрэчы з Валянцінам Блакітам у Мінску мы шмат гаварылі аб адзінстве нашых народаў.

- Беларусы і башкіры - смелыя і верныя Айчыне людзі, - сказаў мне Валянцін. - Нашы народы блізкія па духу і менталітэту.

Такія ж словы я чуў і ад майго другога сябра Леаніда Екеля - вядомага беларускага журналіста, старшыні Саюза журналістаў Беларусі ў 1990 - 2005 гадах, з якім мы разам былі ў савеце МКЖС у рангу сакратароў, а потым і віцэ-прэзідэнтаў. Значыць, так думае не адзін Валянцін Блакіт, але і іншыя беларусы...

— Вось так, Марсэль, мы з табой блізкія браты!

- Так, гэта дакладна, мы нават у аднолькавых

універсітэтах вучыліся: БДУ, - кажу, намякаючы на нашы альма-матэр - Башкірскі і Беларускі дзяржуніверсітэты. - А як будзе БДУ па-беларуску?

- БДУ - Беларускі дзяржаўны ўніверсітэт.

- І па-башкірску БДУ! Баш⊠орт дә⊠ләт университеты.

Мы разам пасмяяліся. І ён падарыў мне сваю кнігу "Чти имя свое" з аўтографам: "Марселю Салімаву – майму башкірскаму брату і работніку-працаўніку аднаго цэха". Я запрасіў яго да нас у госці. Ён абяцаў прыехаць у Башкартастан. Але, на жаль, не паспеў. У 2007 годзе пайшоў з жыцця.

Цяпер ёсць прамыя рэйсы з Уфы ў Мінск і назад. Вось прылятае самалёт з Мінска. І мне здаецца, быццам сярод пасажыраў разам са сваімі землякамі ўпэўнена крочыць па гасціннай башкірскай зямлі мой беларускі брат, выдатны пісьменнік-сатырык Валянцін Блакіт.

Пераклад на беларускую мову
Алены СТЭЛЬМАХ.

ЕЛЕНА СТЕЛЬМАХ
Поэт, детский писатель, публицист. Первый заместитель председателя Союза писателей Беларуси.

НА УКРАИНСКОМ ЯЗЫКЕ
IN UKRAINIAN

МОТОРНІ ХЛОПЦІ

Першим до воріт, здіймаючи куряву, підкотив уазик — персональна машина Абдулкабира Абдулмановича, керуючого крупним трестом.

А за кілька хвилин біля воріт загуркотів ЗІЛ-130. З кабіни, розминаючи кісточки, виліз механік автоколони Абдулманнур Абдулманович.

Незабаром сільською вулицею промчав КамАЗ, за кермом якого сидів Абдулкарим. Біля уазика і ЗІЛа КамАЗ загальмував.

А тим часом з іншого кінця вулиці диркотів бульдозер Абдулхабира, тракториста з РАПО.

Потім у село влетіла пожежна машина. На ній примчав із райцентру пожежник Абдулфарих. Правда, без металевої каски на голові, зате, як і його старші брати, разом з дітьми і домочадцями.

І ось, уже коли сонце, схоже на колесо, по самісіньку вісь сховалося за горизонтом, на своєму випещеному жеребці прибасував пастух Абдульман- бабай. Він дуже зрадів, коли побачив, що його діти і внуки, як і минулої неділі, знову з «моторами».

«Отже, буду тепер взимку і з дровами, і з сіном. І за транспорт жодної копійки не треба платити,— подумав Абдульман-бабай. — Що не кажи, а все-таки добре бути батьком «моторних» хлопців».

СУСІД

Зустрів я свого колишнього сусіда Ахметьяна.

— Як у новій квартирі? — запитую. — Як здоров'я Хуббіямал-ханум?

— Нормально! —одним словом відповідає той.

— А як із сусідом? Пощастило?

Ахметьян аж закашлявся:

— Сусід... Кахи-кахи! Ніби й непоганий сусід. Веселий, чуйний. Тільки трохи дивний — коли в мене гості, то він гупотить у стінку і вимагає припинити шум-гам. Ну, і зрозуміло, у гостей відразу пропадає настрій.

Через місяць ми побачилися знову.

— Як там із сусідом?

— Нормально! — цього разу весело відповів Ахметьян. — Усе владналося. Тепер не псує нам настрій.

.—І як це тобі вдалося?

— Дуже просто: як тільки гості на поріг, я відразу запрошую і сусіда.

— Одразу видно, у нас пішов!

(ПЕРЕЦЬ. – Київ, 1987)

НА БОЛГАРСКОМ ЯЗЫКЕ
IN BULGARIAN

МЕЖДУНАРОДЕН КОНКУРС „АЛЕКО"

Приключи традиционният конкурс „Алеко", организиран от Фондация „Алеко Константинов", община Свищов и вестник „Стършел". За конкурса се получиха 114 творби на 89 автори от осем страни: България, Полша, Албания, Унгария, ОНД (Башкирия), Украйна, Словакия и Беларус. Най-добри те разкази бяха поместени на страниците на вестника.

Жури в състав: Кирил Топалов, Петър Незнакомов, Живка Аламанова, Йордан Попов и Кръстьо Кръстев реши да присъди наградата на МАРСЕЛ САЛИМОВ - ОНД, Башкирия, за разказа „Какви времена!", отпечатан в бр. 2557 (1996).

Наградата е връчена през 1996 г. на Алековите тържества в Свищов.

КАКВИ ВРЕМЕНА!

Жената или е болна, или е недоволна.

- От какво да съм доволна, от тебе ли? - захваща ме тя още от вратата. - Я си виж заплатата! Една покривка за маса не можем да купим. От прахосмукачка минах отново на метла, а цветният телевизор стана чернобял.

- Какво да се прави, преход към пазарна икономика - обяснявам й спокойно аз. - Какво мога да направя?

- Няма да се връщаш от работа и да се излежаваш на дивана. Ако не разбираш нищо от пазарна икономика, хвани се за политиката. Ето, Киш- бай създал нова партия, а ти дремеш.

- Кишбай може да създаде само партия на алкохолиците.

- Не му се смей, по-умен е от тебе. Сега му дали клубче, а ако го изберат за депутат, ще му дадат и квартира. Освен това той умее да убеждава хората.

- По какво съдиш?

- Вчера не можеше да запали и накара трима да му бутат москвича, от два месеца се занимава с политика и вече е лидер. А ти дремеш.

- Аз двайсет години бях партиен член и не направих кариера, та сега ли?

- Двайсет години беше само член, това ти е грешката. Сега имаш шанс да станеш лидер на Нова партия...

Замислих се над думите й.

Щом тя, която е толкова критично настроена към мен, смята, че ставам за лидер, не е лошо да опитам. Ако не опитам, ще ми опява на главата.

На другияден отидох в Градския съвет. Намерих съответната стая и съответния човек.

- Искам да създам нова партия - заявих аз.

- Искате да регистрирате нова партия, така ли да ви разбирам? - попита служителят и отвори една дебела книга. - Колко човека сте?

- Засега съм един.

- Тоест вие сте лидер. А къде ви е програмата?

- Нямам програма.

- Без програма не може. Как да се обръщам към вас, другарю или господине?

- В работата ми викат Залим.

- Вижте какво, гражданино, другарю или господин Залим- ефенди, първо напишете програма, а тогава ще дойдете на регистрация.

- Не знам как се пишат програми, цял живот все чужди програми изпълнявам.

- Няма страшно. На горния етаж има кооператив по съставяне на политически програми. За три дни ще ви изпълнят поръчката.

Отидох на горния етаж, намерих съответната стая и съответния човек.

- Искам да ми съставите програма на партията.

Добродушен, синеок, червенобуз льохман ме изгледа от главата до петите и рече:

- Може. Всеки ден съставяме десетки програми на демократи, комунисти, антикомунисти, монархисти и анархисти. Как се казва вашата партия? Трябва да ви предупредя, че всички западни названия са вече заети, нашите дореволюционни - също.

- Не съм мислил название. Не може ли вие да предложите нещо?

- Червенобузият льохман поклати глава, отвори една дебела книга и като прекара молива по някакви названия, се спря на едно.

- Харесвали ви Плуралистична платформа за екологическо въздействие?

- Дайте друго название, това е много усукано. Нека има думата партия, нашият човек има навика да членува в партия, а не в платформа.

- Тогава... тогава Партия за нравствено възраждане. Пе, не, ве.

Приех, какво да правя. Как да кажа, че не знам какво е нравствено възраждане, а жената, то се знае, се хваща първо за това.

- Пак са ти пробутали некачествено название. Каква е тази партия за нравствено възраждане, кажи ми де?

- Като ми напишат програмата, ще ти кажа. И не лай срещу лидер, да не видиш опаката страна на демокрацията! - скастрих я аз и си легнах на дивана.

Превод от руски: Йордан ПОПОВ.

(КНИГА ДРУЖБЫ. КНИГА НА ДРУЖБАТА / Марсель Салимов, Йордан Попов. – Уфа : Мир печати, 2011)

ЙОРДАН ПОПОВ (1941–2015)

Выдающийся болгарский писатель-сатирик. Ещё будучи студентом он публикует свои первые рассказы и фельетоны в сатирическом еженедельнике „Стършел". Позже в этом издании работает редактором, ещё позже – заместителем главного редактора и только потом – главным редактором. Был избран председателем Ассоциации балканских сатириков.

БОЛГАРИЯ – ЛЮБОВЬ МОЯ
(Из серьёзных записок юмориста)

«Наши сердца неизменно близки…»

В детстве я переписывался с болгарской девочкой Недялкой Тодоровой, проживающей в городе Поморие – у Чёрного моря. А я жил в башкирской деревне Саит – у реки Танып, которая впадает в Белую, которая в свою очередь впадает в Каму, а Кама – в Волгу, которая тоже впадает... но только не в Чёрное, а Каспийское море.

Когда я стал 14-летним джигитом, посвятил своей далёкой подруге стихотворение. Естественно, на своём родном языке. И только через полвека мой друг, известный болгарско-российский поэт Веселин Георгиев перевёл его на болгарский язык:

До Черното море живееш, радост носиш.
До волната река, до Танип, аз живея.
Море с река – да срещнеш ти не знаеш?
За среща с теб мечтая на сън и яве.

Голямо разстояние е между нас,
Но нашите сърца са неизменно близки.
Писмата ти са пламък, – чета в захлас –
Сякаш жарава, топлеща поредния редиси.

Однако в Болгарию приехал я очень поздно – когда мне уже исполнилось 33 года. Тогда, в 1982 году, я отдыхал в Международном доме журналистов в Варне и просил коллег из болгарского сатирического еженедельника «Стършел» искать мою «приятелку». Но они её не нашли…

Наконец!

Совсем не такие скупые, как в анекдотах, габровцы в 2012 году в очередной раз радушно приняли меня в Доме юмора и сатиры. На своём творческом вечере я рассказал им об интересных встречах со Стефаном Фыртуновым, с Георгием Чапкыновым, с Христо Пелитевым, с Йорданом Поповым и с другими знаменитыми болгарами. Мои юморески на болгарском прозвучали в исполнении актёра Габровского театра Светослава Славчева. Я прочитал свои произведения на русском, болгарском и башкирском языках.

После прекрасного вечера в Габрово я поехал в Поморие – искать свою детскую любовь. И надо же такому случиться: через полвека сбылась мечта некогда молодого башкирского джигита! Наконец, я встретил у Чёрного моря... Но уже – не девочку-брюнетку, а бабушку-«блондинку».

НА ТУРЕЦКОМ ЯЗЫКЕ
IN TURKISH

AZİZ NESİN'İN YOLUNDA

Hiciv üstadı Marsel Salimov bir şair, nesir yazarı ve oyun yazarı olarak onun toplumdaki olaylar karşısındaki duruşu sadece kişisel bir protestonun hicivsel bir tarzda haykırışı değil aynı zamanda bu adaletsizliği ve haksızlığı geniş kitlelere kahkaha ve mizah yoluyla iletme çabasıdır. İnsanların içinde bulunduğu zor duruma ve hayat yolculuğunda karşılaştıkları akla ve vicdana aykırı olaylara keskin dokunuşları okuyucularına bir umut ışığı olarak yansıyor. Yaratıcılığıyla okuyucularının farkındalık duygusunu geliştirmelerine yardımcı oluyor.

Onun ülke sınırlarını çoktan aşan ismi dünyanın çeşitli kültür forumlarında Başkurtistan'ın ve Rusya'nın adını kendini alanında seviye atlatmaya devam etmektedir. Kendisine Tanrının bir lütfu olarak verilen hitap yeteneği ve müthiş gür sesiyle onu dinlerken zamanın nasıl geçtiğini farkedemezsiniz. Eğer hiciv eserlerini rusça olarak okuduğum kişinin adını gizlemiş olsalardı bu eşsiz mizah ustasının ünlü Türk yazarı, romancısı ve hiciv ustası Aziz Nesin'in Rusça'ya çevrilmiş eserlerini okuduğumu düşünürdüm.

Başkurt yazar Marsel Salimov, onlarca ödülünün yanında önceki yıllarda Heinrich Bjol, William Saroyan, Maurice Druon, Aziz Nesin,

Leonid Lench, Vlada Bulatovich Wieb ve diğerleri gibi ustalara verilen Aleko Uluslararası Ödülü'nü almasının tesadüfü olmadığını göstermiştir. Onun okuyucusu ve eserlerinin Türkçeye çevirisini yapan bir çevirmen olarak onunla tanışmaktan ve onu Türk okuyucularıyla tanıştırmaktan onur duymaktayım.

Özcan PERSKA,
Çevirmen, Ufa bilim ve teknoloji üniversitesi
doktora öğrencisi,
Rusya yazarlar birliği üyesi, Başkurtistan
yazarlar birliği üyesi,
Rusya çevirmenler birliği üyesi.

ÖLMEYE VAKİT YOK

Nasıl olduysa hastalandım. Beni hastaneye yatırdılar.

Aslında hiç hasta olmazdım, bazı insanların soğuk algınlığı nedeniyle bile hastaneye gitmesine şaşırırdım. Sonra durumum o kadar kötüleşti ki hastaneye yatmak zorunda kaldım.

Hastane elbette bir sanatoryum değil. İlaçlar, prosedürler - bunların hepsi birbirini takip ederek yapılıyordu, sadece bütün gün boşta yatmak sıkıcı geliyordu. Özellikle ziyaretçileriniz yoksa. Çok şükür beni ziyaret ediyorlar, unutmuyorlardı. Ertesi gün muhasebeci Zilya geldi. Büyük bir omuz çantası ile.

'Sensiz, elimiz kolumuz bağlı gibi,' diyerek çantasından bir yığın kağıt boşalttı. - Raporlara bir bakın lütfen. Yoksa millet ikramiyesiz kalacak.

Allah korusun, insanlar ikramiyesiz kalmasın. Raporlara daha doğru dürüst bakmaya zamanım olmadan sekreter Sariya içeri girdi.

- Sali Saliyeviç, bana bir daire edinmem konusunda yardım edeceğinize söz vermiştiniz... – diye başladı konuşmasına Sariya ve aniden, kafasına dank etmişçesine sordu: - Kendinizi nasıl hissediyorsunuz?

'Kötü,' diyorum, 'kötü hissediyorum. Hayatta kalıp kalmayacağımı bilmiyorum.

- Yani, nasıl – 'hayatta kalır mıyım' demek? Sariya endişeliydi. - Bana daire için söz vermiştiniz. Unuttunuz mu?

Bu nasıl unutabilir ki? Daire en önemli şeydir. Yapacak bir şey yoktu, günün geri kalanında dairesi için gerekli belgeleri doldurdum.

Evrakları yeni bitirmiştim ki kayınbiraderim Hanif geldi.

- Sen de hastalanacak tam zamanı buldun! Diye hoşnutsuzca başladı konuşmasına. - Beni bıçaksız kesiyorsun. Sen beni... peki... sanki...

'Dur, bir hele' diyorum, 'bana meselenin ne olduğunu söyle.'

'Meselenin ne olduğunu söyle' diye tekrar ederken yüzünü buruşturdu. - Oğlumun enstitüye girişini ayarlayacağına kendin söz vermiştin. Unuttun, değil mi?

Ha, evet. Bu nasıl unutulur? Oğullar birinci önceliğimizdir. Diğer bir deyişle geleceğimizdirler. Ya enstitüye giremezlerse ne olurdu, ha?

Yapacak bir şey yoktu, zor olsa da tanıdık bir profesörü arayıp bir şekilde bu hassas konuyu anlatmam gerekiyordu.

Allah'a şükür, profesör kabül etmiş gibi görünüyordu, öyle ki, endişelerimden tansiyonum fırladı. Hemşire tansiyonumu düşürmek için iğne yapacak zamanı bulamadan komşum Ramay geldi.

'Alı, komşu, komşu,' diye başladı tamamen cansız bir sesle ve cebinden bir şişe votka çıkardı.

'Dur, bir hele' diyorum, 'sorunun ne olduğunu anlat?'

- Sorun mu, diyorsun? ... - komşu inleyip kalbini tutuyordu.

- Kalbin mi ağrıyor?

- Sadece ağrısa ona da şükür. Yanıyor!

- Yani, kalp krizi.

'Kalp krizi' komşu küçümseyici bir şekilde yüzünü buruşturdu. 'Kalp krizi olsa bir şekilde atlatırdım' dedi. Daha kötüsü. Karım beni terk etti.

-Bak sen şu işe. Nasıl yani? Birlikte gül gibi geçiniyordunuz hani?

- Rol yapıyormuş meğerse. İşte böyle, dostum. Kederimden bir kaç kadeh içelim!

- Bana yasak.

- Peki, bana değil mi sanıyorsun? Bana hepten yasak. Ramay bir bardak votka içti. - Atıştıracak bir şeyler var mı? – Mezelik bir şeyler bulmak için komodinleri karıştırmaya başladı, öğle yemeğimden kalan yulaf lapasını bitirdi ve koğuştaki bir komşunun dolabından sessizce bir parça sosis yürttü. 'Biliyor musun, üç gündür, yemek yemedim, karımın terketmesinden bu yana. 'Senin keyfin burada iyi' diye içini çekti Ramay kıskançlıkla. - Yemekler bedava. Endişeye, uğraşa gerek yok!

Nedense kendimi rahatsız hissettim. Nitekim burada hiçbir endişe ve tasa duymadan bedava yemek yiyip yatıyordum. Düşünebiliyor musunuz, hem de komşumun karısı onu terketmişken?

'Haydi gidelim' diyorum 'komşu'. Üzülme. Bu kadar endişelenme. Karını geri getireceğiz.

Başhekimin odasına gittik.

'Affedersiniz,' diyorum, 'yoldaş doktor, ama bu kadar çok insanın benim yardımıma ve birlikteliğime ihtiyacı varken hastanede daha fazla yatamam.

Başhekim bizi son derece sert bir bakışla karşıladı. İlk başta hiç taburcu etmek istemedi ama sonra yumuşadı ve şöyle dedi:

- Ölürsen kendini suçla!

Ölürsem kendimi suçlayacağıma söz verdim. Komşum ve ben, cesaret için birer kadeh votka atarak karısını aramaya gittik.

Çeviren: Özcan PERSKA.

НА ШВЕДСКОМ ЯЗЫКЕ
IN SWEDISH

Marsell Salimov — känd rysk satirförfattare vars verk har översatts till över 40 språk. Pristagare i internationella litteraturtävlingar. Hedrad kulturarbetare i Ryssland, belönad med Vänskapsorden.

PÅ BESÖK HOS AMASONKVINNORNA

Det var på den tiden då människor fortfarande bodde i grottor. Men inte på något sätt fick denna boendelösning dem att skämmas. Och det fanns ju ingen att känna skam inför. Överallt fanns det bara kvinnor - amasonkvinnor. Kort och gott - ett matriarkatsamhälle.

I spetsen för släktet stod en av ålder helt uttorkad, tandlös och skallig gammal kvinna som hette Tasjbasjka. En gång vaknar alltså denna Tasjbasjka på morgonen, samlar ihop sina sköna kvinnor och inleder den sedvanliga morgonritualen med orden:

"Hää-ärligt! Sköö-ö-nt! Och inte en enda karl - förgiftare av naturen! De ska då alltid koka ihop någonting: en apparat för att tillverka hembränt, eller ett ölbryggeri. Och det är i allra bästa fall. För ibland plågas han redan på morgonen, och klarar inte ens att gå upp. Och var ska vi leta reda på inlagt gurkvatten om man inte har uppfunnit gurkor än. Salt har då ingen ens hört talas om. Det är bara senare som man kommer att uppfinna salt som är dåligt för hälsan. För att det uppenbarligen är det så att en karl inte kan klara sig utan salt. Eller utan TV. Säg vad man vill men det är lugnare utan män, bättre för hälsan. Låt dem aldrig finnas i vårt släkte!

Plötsligt hördes det ett oväsen. Tasjbasjka såg någon springa. Ett djur - det verkar inte så. En fågel - inte det heller. Något tvåbent, skäggigt, med mustasch.

"Fånga den!" skriker Tasjbasjka till amasonkvinnoma.

De fångade honom. Band och inspekterade honom.

"Herregud, det är ju en karl! Var kom han ifrån?!"

Karlen, trots att både hans armar och ben var bundna, verkade vara glad över att ha råkat hamna i detta exklusiva kvinnliga sällskap. Hans leende blev dock som bortblåst från hans ansikte så fort amasonkvinnoma började diskutera vad de skulle göra med honom. Vissa föreslog att man skulle koka honom. Andra ville smaka honom stekt. Och en ung tjej började känna ett pirr i kroppen som växte sig allt starkare. Hon till och med försökte känna på fångens olika kroppsdelar. En annan, lite äldre, föreslog att man skulle lämna karlen kvar i kolonin för fortplantning. Men en ännu äldre amasonkvinna tvekade:

"Vem vet om hans grej som är till för fortplantning ens fungerar? Det måste vi ju kolla först..."

"Vem ska kolla?" frågade Tasjbasjka.

"Jag! Jag ska kolla!" ropade den unga amasonkvinnan och började kämpa och knuffa undan andra för att komma fram till fången.

De andra släpade dock henne åt sidan, det var som om de ville säga henne - det är för tidigt för dig, det finns folk som är lite mer erfarna när det gäller sådant. Kvinnorna började gräla. Lite till och det började uppstå bråk med knytnävar. Och då skrek Tasjbasjka med en befallande röst:

"Stopp, flickor vackra! Jag ska först prova själv!" Hon slängde av sig höftskynket och, leende lystet med sin tandlösa mun, kastade sig över karlen.

Han gav ifrån sig ett gällt skri och... vaknade. Efter att ha varit på besök hos amasonkvinnoma hämtade han andan och tryckte ömhetsfullt sin fru, som han på sista tiden inte visat särskilt mycket uppmärksamhet, till sig.

(FRÅN HJÄRTA TILL HJÄRTA : en rysk-svensk antologi. – Мальмо – Москва, 2015)

ТРИУМФ САТИРИКА ИЗ БАШКИРИИ

На родине Нобеля, в столице Швеции Стокгольме, прошёл VI Международный книжный форум и литературный фестиваль «Открытая Евразия», организаторами которого выступили

Евразийская творческая гильдия (ЕТГ) и издательский дом «Hertfordshire Press» (Лондон). В мероприятиях приняли участие около 300 писателей, поэтов, литературоведов, журналистов, художников и артистов из 14 стран мира. В качестве финалиста конкурса «Открытая Евразия» был приглашён и башкирский писатель Марсель Салимов. В рамках фестиваля состоялась презентация его новой книги.

Марсель Шайнурович Салимов (Мар. Салим) – член Союза писателей и Союза журналистов России и Башкортостана, Евразийской творческой гильдии и других международных и российских творческих союзов и академий. Лауреат международных литературных премий и конкурсов, обладатель почётного звания «Золотое перо России». Кавалер ордена Дружбы, заслуженный работник культуры РФ и БССР. Автор 40 книг, изданных в Уфе, Москве, Казани, Чебоксарах и Лондоне на башкирском, русском, татарском, чувашском, английском и болгарском языках. Отдельные произведения писателя переведены почти на полсотни языков мира и опубликованы во многих изданиях стран Евразии.

Сороковая по счёту книга видного российского сатирика «The Book Which Has Never Been Written Before» («Книга, какой ещё никто не писал») была издана в книжной серии ЕТГ в Лондоне на английском языке. На родине Шекспира в рамках Литературных дней в Россотрудничестве прошла её первая презентация. Новинку представил там руководитель издательского дома Hertfordshire Press Марат Ахмеджанов. Как отмечено на сайте Евразийской творческой гильдии, «британская публика радушно встретила новую книгу знаменитого писателя-сатирика, его «почти любовные романы» вызвали неподдельный интерес у англоязычных читателей».

В этой книге писатель-сатирик, широко известный не только в нашей стране, но и за рубежом, впервые «серьёзно» пишет о вечной любви, пишет книгу, которая никогда не была написана прежде. Точнее, даже не он, а главный герой его произведения, который, как и сам автор книги, является писателем, но уже не сатириком, а скорее лириком. И не случайно Марсель Салимов называет результат своей работы «почти любовным романом».

В 2017 году в книжной серии ETГувидели свет 18 книг известных евразийских писателей. Они были размещены не только на выставках и ярмарках, но и на крупнейшей интернет-площадке — Амазоне, в онлайн-магазинах Австралии, Новой Зеландии, Канады, Швеции, Нидерландов, Дании, Великобритании и США. Они будут предоставлены и во второе в мире книгохранилище — Британскую библиотеку.

В Стокгольме свои книги презентовали также Султан Раев (Кыргызстан), Гульсифат Шахиди (Таджикистан), Марал Хадырова (Туркменистан), Огдо (Россия, Саха–Якутия), Айгуль Рыскулбекова (Кыргызстан), Диляра Линдсей (Великобритания), Ленар Шаех (Россия, Татарстан), Настасья Кузьмичёва (Беларусь), Сауле Досжан (Казахстан), Назикен Алпамыс кызы (Казахстан), Марина Михайловская (Казахстан), Даурен Кастеев (Казахстан), Нурым Тайбек (Великобритания) и другие писатели и поэты.

За новую книгу Марселю Салимову присуждена специальная премия «Прорыв года». Как отметил руководитель издательского дома «Hertfordshire Press» Марат Ахмеджанов, «со своей оригинальной сатирой и юмором знаменитый башкирский писатель сделал настоящий творческий прорыв».

На литературных встречах в Международной библиотеке Швеции и Общественной библиотеке города Стокгольма Марсель Салимов подарил скандинавским читателям свои книги на башкирском, русском, татарском и английском языках.

В течение четырёх дней работы международного книжного форума и литературного фестиваля состоялось 14 мероприятий, большая часть из которых была открыта для свободного посещения. В уютных залах ABF – Центра культуры профсоюзов Швеции имени Улофа Пальме прошли творческие встречи, круглые столы, мастер-классы, организованы художественные выставки и концерты.

По завершении фестиваля в Стокгольме состоялось Общее годовое собрание Евразийской творческой гильдии под руководством её первого председателя Дэвида Пэрри и вице-председателя Марата Ахмеджанова. Согласно результатам голосования председателем гильдии утверждена Лаура Гамильтон (Великобритания).

Анна ЛАРИ,
директор литературного конкурса
«Открытая Евразия»,
член Консультативного совета Евразийской
творческой гильдии.

Алик ШАКИРОВ,
заместитель главного редактора
ИА «Башинформ»,
член Союза журналистов
России и Башкортостана.

ЛОНДОН–СТОКГОЛЬМ–УФА.

Фестиваль-конкурс «XII Open Eurasia: Super Cup 2023»
(Лондон). Казахстан, Бурабай, 2023. – Festival-compe-
tition "XII Open Eurasia: Super Cup 2023" (London). Ka-
zakhstan, Burabay, 2023.

НА ПОЛЬСКОМ ЯЗЫКЕ
IN POLISH

Marsel Salimow – znany rosyjski poeta-satyryk i dziennikarz. Będąc oficerem, służył w Polsce. Napisał opowieść o radziecko-polskiej przyjaźni. Autor ponad pięćdziesięciu książek, którego dzieła zostały przetłumaczone na prawie pięćdziesiąt języków i opublikowane w wielu czasopismach w świecie. Zasłużony pracownik kultury Federacji Rosyjskiej i Republiki Baszkirii. Laureat międzynarodowych nagród literackich imienia S. Michałkowa (Rosja), «Aleko» (Bułgaria) i imienia N. Gogola (Ukraina). Odznaczony orderem Przyjaźni.

MAŁE BAŚNIE

Raport

Pije Kogut w uprawie na raporcie
O osobiście wykonanej pracy.
W pierś skrzydłami siebie bije:
— W nieśności plan wykonaliśmy!

Wieczna miłość

Kozioł przyznał się do młodej Kapusty:
— Kocham panią, ale jestem pełen smutku —
Między mną a Panią żywopłot ten stoi.
Kiedy los połączy nas kochanków dwoje?

Wielkość

Ukrywa Słowika gięstej brzozy krona.
A na oczach wszystkich siedzi Wrona.
— Jestem wyżej wszystkich! — mówi sobie ona.
A sławnym zostanie bardzo skromny Słowik.

Igły i Nitka

Igłie Nić wypominała:
— Byś beze mnie dawno przepadała!
A przecież i Nici bez Igły
Niema sensu bycia w życiu...

Tłumaczenie na język polski: Aleksander
NAWROCKI.

(BRZEGI OGNIA I WODY :
rosyjsko-polskiego zbioru. –
Moskwa, 2017)

АЛЕКСАНДР НАВРОЦКИЙ
Польский поэт, переводчик, издатель, общественный деятель, главный редактор журнала «Поэзия сегодня», организатор Фестиваля Славянской Поэзии и Всемирных Дней Поэзии под эгидой ЮНЕСКО, лауреат многих престижных европейских премий.

НА ИТАЛЬЯНСКОМ ЯЗЫКЕ
IN ITALIAN

Marsel Salim, poeta e scrittore di satira di origini bashkire. Per 30 anni è stato capo redattore della rivista umoristica «Henek» ("Forcone") nella città di Ufa. Autore di 50 libri. Le sue opere sono state tradotte in più di 50 lingue e pubblicate da molteplici edizioni internazionali.Insignito di premi letterari internazionali. Esponente emerito della cultura della Federazione Russa.Cavaliere dell'Ordine dell'Amicizia.

INCONTRO

Non distolgo lo sguardo dal mio amore...
Tento diricordarmi dove l'ho incontrata.
I suoi occhi sono laghi azzurri.
Come lance di giunco, le ciglia.
Le sopracciglia arcuate.
E che collo! E le spalle calanti!
Tutto è concepito con un senso:
Creato apposta per attrarmi.
Le labbra esortanoal bacio...
Dolci come una ciotola di miele!
Non mi trattengo più, le sussurro:
«Ah, ma dove sei stata prima?»
E, come in un sogno, sento la fata:
«Ehi, zio, hai un vuoto di memoria?
Ti vedevi con mia sorella,

Mentre a me compravi la cioccolata».

COME DIO COMANDA

La bella si confida con l'amante:
«Non ci sono più uomini per bene oggi,
Ieri con te giaceva un'altra,
Oggi io... Che hai da dire?»
«Invano mi rimproveri», risponde.
«Per accendere il falò ci vuole una scintilla.
E se esiste la bellezza nel mondo,
Dio comanda di non passarle accanto».

(PECCHI : antologia russo-italiana. – Moscova :
Unione Internazionale degli Scrittori, 2015)

НА ГРЕЧЕСКОМ ЯЗЫКЕ
IN GREEK

ΜΙΛΩΝΤΑΣ ΜΕ ΤΟΥΣ ΘΕΟΥΣ

Στέκομαι στην κορυφή του Ολύμπου. Μόναχος.
Δεν είμαι το αφεντικό εδώ. Δεν είμαι ο αρχηγός.
Να, ο θρόνος του μέγα Δία,
Ενώ παρακάτω άνοιξε η είσοδος στην άβυσσο.
Ανέβηκα εδώ μονάχα να προσκυνήσω
εις ονόματος εκείνων που ποτέ ποιά
δεν θα μπορέσουν να έρθουν εδώ,
χαμένοι στους αιώνες, σαν ηχώ …
Για να μην ξεχάσω την σκέψη μου, μέσα στην
ματαιοδοξία,
την επαναλάμβανα στο δρόμο μου ξανά και ξανά.
Συνήθως δυσκολεύομαι να μιλώ με τους ανθρώπους,
Ενώ εδώ μπροστά μου θα είναι οι θεοί!
— Έτσι – ξεκίνησα, γυρίζοντας το πρόσωπο μου
προς την αυγή — συγχωρήστε μου την αυθάδεια
μου,
αλλά σας απευθύνομαι εις όνομα των,
ηλικιωμένων και βρεφών,
απογόνων σας, οι όποιοι
ζουν σαν στην ομίχλη, κομματιασμένοι.
Ενώ εσείς γίνατε θρύλος, στην Γη
δεν έμεινε ούτε αλήθεια ούτε ευτυχία.
Ακούτε το βρυχηθμό; Δεν είναι η βροντή,
αλλά οι εκρήξεις των ρουκετών.
Είναι το κακό, που αδίστακτα καταπολέμα το καλό,

παρομοιάζοντας τον κόσμο ολόκληρο με κόλαση.

Όταν είχατε εξαφανιστεί από τον Όλυμπο,

Τρομεροί και από τους δράκους, εισήλθαν στον κόσμο

απεσταλμένοι του σκότους. Αυτοί

που γλεντάνε στην σκόνη των χθεσινών νόμων.

Σπέρνουν τον θάνατο στη Γη, σπέρνουν τον φόβο,

για να φάνε τις χώρες πλούσιες σε πετρέλαιο.

Πνίξανε τον πλανήτη σε φωτιά

Των αδιάκοπων συγκρούσεων και πολέμους.

Και εκείνοι, οι οποίοι συγκεντρώσαν σάκους χρήματα,

θα μπορούσαν να φέρουν την ευτυχία σε όλο τον κόσμο,

βλέπουν τον κόσμο μέσα από μαύρα γυαλιά,

έτσι ώστε να μην δουν την ανθρώπινη θλίψη.

Ο τραπεζίτης είναι αμείλικτος στους οφειλέτες του,

δεν καταδέχεται τα παρακάλια τους.

Λοιπόν, ποίος από τους πλούσιους θα ανεβεί στον Όλυμπο,

και θα σας προσκυνεί;

Ενώ δεν θα ντραπούν

να διασχίσουν τους ωκεανούς για να υποκλιθούν

μπροστά στους επικεφαλείς των αμερικανικών τραπεζών

ταπεινά, σαν να πηγαίνουν στη σφαγή τους.

Εγώ όμως δεν ήρθα στους τραπεζίτες. Μονάχα από εσάς

θα ήθελα να ακούσω τις απαντήσεις,

πριν στην καρδιά μου δεν έσβησε φωτιά

και δεν έφτασα στον Λήθης ποταμό.

Πείτε μου, γρήγορα, Θεοί του Ολύμπου,

Πότε θα βασιλέψει Παράδεισος στον πλανήτη,

οι άνθρωποι θα γίνουν καλλίτεροι από τα ζώα,

και θα ξεχάσουν να κλαίνε τα παιδιά;

Πείτε μου, πότε θα υποχωρούν τα δάκρυα,

και η εξουσία πάλι θα είναι δίκαια;

Αν σύντομα θα εξαφανιστεί ο τελευταίος δήμιος;

Και αν η ζωή θα είναι πάλι ευτυχισμένη;

Αναστέναξε το βουνό. Η θερμότητα της φωτιάς,

αναδύθηκε στον καλοκαιρινό αέρα.

Και σαν να ψηφοφόρησαν στον αφτί μου

με συριγμό χιλιετίων.

Ήταν η απάντηση του Δία, άρχοντα των θεών,

από τις μακρινές, απόκοσμες ακτές, λέγοντας:

— Καταλαβαίνω τα πάντα. Εδώ και χιλιετίες,

Όπως λάμβανα κάποτε τους ύμνους,

λαμβάνω μονάχα τα γκρίνια και τα κλάματα,

που ψάχνουν για μια απάντηση

για να βρουν την απάντηση

το γιατί η ζωή στη γη

έγινε ζοφερή για τους ανθρώπους και γιατί

κυριαρχούν στον κόσμο οι αγγελιοφόροι του

σκότους.

Βλέπεις, ο Όλυμπος μας άδειασε, πριν από καιρό,

και δεν έχουμε την αρμοδιότητα να κυβερνήσουμε

τις ριπές των αισθήσεων και τις κίνησης των

σωμάτων,

κατευθύνοντας τα, εκεί που πρέπει.

Όλες αυτές οι αιώνες, σας παρακολουθούσαμε

Συμπονώντας σάς και υποφέροντας.

Δύστυχος δεν έχουμε ποια τη δύναμη να σας σώσουμε,

σας τα δώσαμε πριν από χρονιά.

Θα μπορούσα και εγώ να σας ρωτήσω τα ιδία από την πλευρά μου,

Μα δεν είναι στο χέρι μου να βοηθήσω τους ανθρώπους …

— Σας ευχαριστώ, Κύριε! Η απάντηση σας είναι σαφής.

Λυπάμαι που σας κάλεσα να ξυπνήσετε.

Τώρα κατάλαβα, ότι για να επιζήσει ο κόσμος μας,

πρέπει να δουλέψουμε σκληρά.

Και όλοι αυτοί που δεν έχει εγκαταλείψει

το πνεύμα της αλήθειας στο αίμα τους,

οι ενήλικες, οι γέροι και τα παιδιά

πρέπει τώρα να ενωθούμε στην Αγάπη

για να κερδίσουμε το κακό τον κόσμου!

Μετάφραση στα ελληνικά από την Ιρίνα
ΑΝΑΣΤΑΣΙΑΔΗ.
(ΠΡΕΜΙΑ ΓΟΜΕΡΑ. – Греция, 2016)

ИРИНА АНАСТАСИАДИ

Писатель, переводчик, публицист, основатель и президент Международного творческого фестиваля на Тиносе. Учредитель и организатор Международного форума писателей и международного симпозиума скульпторов. Автор проекта «Международный конкурс Гомера» и главный редактор литературного журнала «9 Муз».

НА АЗЕРБАЙДЖАНСКОМ ЯЗЫКЕ
IN THE AZERBAIJANI LANGUAGE

BAL ARISI

Bilməyən yox dünyada,
Başqırd balın tamını.
Çoxdan çəkib özünə ,
Heyran edib hamını.

Bal satanın sinəsi,
Medallara sarınıb,
Adı heç yerdə yoxdu,
Zəhmət çəkən arının.

Eh ...necə də əlləşir,
Sahibinə bal qurdu.
İllərlə zillət çəkən,
Elə bil ki ,başqırddı.

Başqırd - bal arısıdı,
Sevir işi , zəhməti .
Kimsə sərvət toplayar,
Böyüdəcək dövləti.

Azərbaycan dilinə tərcümə:
Балоглан ДЖАЛИЛ.

БАЛОГЛАН ДЖАЛИЛ
Поэт, переводчик, член Союз писателей Азербайджана и Башкортостана. Лауреат Международной
литературной премии имени Шахмар Акберзаде.

НА КАЗАХСКОМ ЯЗЫКЕ
IN THE KAZAKH LANGUAGE

КӨРШІ

Мен бұрынғы көршім Ахметянмен кездесіп қалдым. Мен дереу оның хал-жағдайын білмекке сұрақтарымды қоя бастадым:

— Жаңа пәтерің қалай? Хуббиямал ханымның денсаулығы қалай?

Ахметян менің сұрақтарыма бір-ақ ауыз сөзбен сүлесоқтау жауап берді.

— Жақсы.

Бірақ мен оған: «Жаңа көршілеріңе көңілің тола ма?» деп үшінші сұрақты қойғанда, ол тамағына бірдеңе тұрып қалғандай, қақалып қалды. Тамағын кенеп, жөткірініп алды да, сөйлей бастады:

— Көршінің өзі былай жаман емес. Жаймашуақ, елгезек. Бірақ оның бір қызық мінезі бар. Менің пәтеріме қонақтар келсе, ол қабырғаны қағып бастайды, немесе пәтерге кіріп, шуды тоқтатуды талап етеді, бұл, әрине, қонақтардың көңіл-күйін бұзады ...

Бір айдан кейін бір-бірімізді қайта көрдік.

— Көршіңіздің жағдайы қалай?

— Жақсы! — деп Ахметян бұл жолы нық жауап берді. — Енді қабырғамды қағып, қонақтардың көңілін бұзбайтын болды.

— Бұған қалай қол жеткіздіңіз?

— Бұл тіпті оңай болды: мен оны да қонаққа шақыра бастадым.

ЖҮЗДЕСУ

Зүбәйір жұмыс кеңсесінде отырып, сөзжұмбақ шешу жұмысына қызу кіріскен болатын. Тағы бір кезекті телефон қоңырауы шылдырлағанда, оны жаратпағандай, беті тыржиып, телефон тұтқасын құлықсыз көтерді. Бірақ телефонда құлағына естілгені жоғарыдағы бастығының қоңыр үні емес, бір әйелдің сыңғырлаған майда дауысы болды.

— Зүбәйір Зұлқарнайұлын бола ма? — деген дауыс құлағына майдай жақты.

— Мен тыңдап тұрмын. Менде қандай шаруаңыз бар?

— Менің сенде еш шаруам жоқ. Мен жәй ғана сенің не істеп жатқаныңды білгім келеді.

— Кешіріңіз, — деп күбірледі абдыраған Зүбәйір. — Мен кіммен сөйлесіп тұрмын?

— Құдайым –ау, мені танымадың ба?!

— Әзірге жоқ.

— Жарайды, танымағандай кейіп танытпа. Мен кинотеатрдан қоңырау шалып жатырмын.

— Онда не істеп жүрсің? – деп сұрады Зүбәйір не болса да бірден «сенге» ауысып.

— Мен билеттерді 18.30-ға алдым. Жұмыстан кейін осында кел. Жарай ма, Зүбәйіржан?

Неге екені белгісіз, бұл сөздерден кейін

Зүбәйірдің тамағы тіпті құрғап қалды.

— Біраз күте тұрыңызшы, — деді ол бір тыныстап, әрең есін жиып, — мен сізді сонда қалай танимын?

— Мен көк көйлек киіп жүремін, — деп бейтаныс адам наздана сөйледі де сықылықтай күлді ...

«Бұл жұмбақ әйел кім және дауысы да таныс сияқты?» — Зүбәйір басын осылай қатырып, сөзжұмбақ жазылған газетті бір жаққа ысырып қойып, әуелі үнсіз телефонға бір қарап, сосын алдында ғана тықылдап шапшаң жұмыс істеп тұрған сағатқа қарады, ал ол енді, қырсыққандай, әрең-әрең жылжып тұр.

Жұмыс күнінің аяқталуын әрең күткен Зүбәйір кеңседен зу етіп шыға салып, гүл сатып алу үшін базарға соқты да, кешігіп қалудан қорқып, таксимен кинотеатрға зытты.

Ол қиялындағы көк көйлекті табамын деп, қалың жұрттың қарасын сүзіп тұрғанда, арт жағынан біреу оның атын шақырғандай болды. Зүбәйір артына бұрылып қараса... өз әйелін көреді.

— Келдің бе, жаным? — деп тіл қатты әйелі, Зүбәйір телефондағы дауыстың өзіне неліктен таныс болып көрінгенін енді ғана түсінді. Таңданғаннан гүлді әйеліне беріп, өзіне де өте таныс көк көйлекке қадала қарады.

— Бұл сен бе едің? — оның тек сыбырлауға ғана шамасы келді.

— Мен, қымбаттым, мен, – деп растаған әйелі оның қолынан ұстады. – Мені бір жерге, театрға немесе киноға шақыру ойыңа келмеді осыған дейін, сондықтан мен мұны өзім-ақ қатырайын деп шештім. Көріп отырғаныңдай, мен мұны өте сәтті жүзеге асырдым.

БАЛ ҚОСЫЛҒАН ШАЙ

Біздің ұжымда мынадай әдет бар: жалақы алған күні әріптестердің бірі бәрімізді мейрамханаға апарады. Бір айдан кейін – басқасы және т.б., осылай өз кезегімен айнала береді.

Бізді апаруға Хаматтың кезегі келді. Біз әдеттегідей мейрамханаға бардық. Барған бойда Хамат кешеден бері ішуді қойғанын айтып салды.

— Мен салауатты өмір салтын жүргізуді шештім, деді ол.

Біз де шындап ойланып қалдық. Бірақ, расында, онікі дұрыс. Бұл ішімдіктен не пайда? Ақша таусылады, уақыт босқа кетеді, денсаулық бұзылады.

Хамат бізді бал қосылған шаймен сыйлады. Солай, ештеңе жоқ, таңертең бәрі тың, және ешқандай мәселе туындаған жоқ.

Алайда, бір айдан кейін тағы бір әріптесіміз бал қосып шай ұсынбақшы болғанда, Хамат кенет ашуланды:

— Не істеп жатырсың, дәстүрді бұзып?!

— Ау, сен ішімдікті тастадың емес пе? – дейміз оған.

— Ал мен қайтадан бастадым!

— Қайтадан бастасаң, онда әрине, басқа мәселе...

Соны күткендей, бәріміз де сол күні арақты суша сімірдік. Ескі жақсы күндеріміз қайта оралғандай болды.

Қазақшаға аударған
Бақтыгүл МАХАНБЕТОВА.

БАХТЫГУЛЬ МАХАНБЕТОВА
Переводчик, международный литературный агент, член Евразийской творческой гильдии (Великобритания), координатор международных проектов. Лауреат международного конкурса «Open Eurasia: Super Cup» (Лондон).

Победителя награждают: Марат Ахмеджанов, Адам Семенюк, Бахыт Рустемов. Казахстан, Бурабай, 2023. – The winner is awarded by Marat Akhmedjanov, Adam Semenyuk, Bakhyt Rustemov. Kazakhstan, Burabay, 2023.

НА УЗБЕКСКОМ ЯЗЫКЕ
IN UZBEK

СОМОН КАВШАШ СИРЛАРИ

Сут соғувчи Раҳима азонда фермага келганда гўнг чиқарувчи транспортёрнинг ишламаётгани устидан чиқди, атрофга аланглаб механикни суриштирди.

— Уни изламай қўя қол,— деди зоотехник,—ўзинг яхши биласанку, механикнинг дунёқарашини, гайка-ю калитдан бошқа нарсага ақли етмайди. Шунинг учун уни гўнгшунослик ҳақидаги назарий семинарга жўнатдик. Масалан, у қадимги Римда гўнгдан қандай фойдаланганликларини сираям билмайди. Ер юзида гўнг ишлаб чиқарадиган неча хил жонзот борлиги ҳам унга қоронғи.

— Қадимги Римда гўнгнинг бор-йўқлигини механикнинг билиш-билмаслиги сигирлар учун барибир эмасми? — деди Раҳима жиддий. — Айни пайтда уларни шилта гўнгнинг қачонгача топтап туришлари кўпроқ қизиқтиради…

— Тўғри, — деди зоотехник, — шунинг учун ҳам паншахадан фойдаланавер. Жуда тадбиркор жувонсан-ку, назарий жиҳатдан тайёргарлигинг бўлмаса-да, бу ишни бемалол уддалай оласан.

Раҳима паншаха излаб кетаётган эди, зоотехник уни тўхтатиб қолди.

— Менга қара, ҳамма асбоблар қозонхона-

да эди. Калит ўт ёқувчида кетган. Уми? Уни кўмир қазиб чиқариш муаммоларига бағишланган
курсга юборганмиз.

Раҳима чуқур энтикди.

— Айтдим-а, ферма мунча совуб кетибди.
Ўт ёқувчига бу муаммоларнинг нима кераги бор
экан?

— Ўзинг яхшисан-у, Раҳима, — деди зоотехник кулимсираб, — фақат замонадан жиндай
орқада қолгансан-да. Ахир ўзинг ўйлаб кўр, кў-
мирнинг дунёвий запасларини билмай туриб, қо-
зонхонада ишлаш мумкинми? Ўт ёқувчимизнинг
Антарктидада қанча кўмир запаси борлигини
билмаслиги кулгили бир ҳол-ку!

— Нақадар даҳшат!—деди Раҳима кўзлари-
ни катталаштириб. — Билганимда сигирларга
ҳам Антарктида ҳақида гапириб берардим.

Раҳима уйидан паншаха келтириб, сигирхо-
нани тозалади. Бироқ сигирлар уст-устига «мў-
мў»лаб, унинг тоқатини тоқ қилди. У озуқа бе-
рувчи ходимни излай кетди.

— Қанақа бепарво, бераҳм одам экан,—деди
Раҳима жаҳл билан, — жониворларнинг охури-
да ҳеч вақо йўқ, у бўлса аллақаерларда дайдиб
юрибди.

— Бегуноҳ одамни айблаб нима қиласан, —
деди зоотехник сал қизишиб, — молбоқар кеча-
нинг ўзидаёқ сигирларга сомон кавшашни ўрга-
тувчи йиғилишга жўнаган эди.

Раҳима афсус билан бош чайқади, кейин сигирларнинг охурига майдаланган сомон солди.

— Билганларингча кавшай беринглар, — деди-да, соғув аппарати тугмасини босди. Бироқ у ишламади.

Раҳима жаҳолатдан қизариб кетди:

— Наҳотки аппаратчи ҳам ўз билимини оширишга кетган бўлса?

— Топдинг!—деди зоотехник. — Ҳозир у қўшни районда соғиш тарихига оид лекцияни тинглаб ўтирибди.

— Бундан чиқди фермада сиздан бошқа бирорта ҳам мутахассис қолмаган экан-да? Бўлмаса нега мунча имиллаб ўтирибсиз? Қани ишни бошламайсизми?

— Мунча ҳовлиқмасалар, — деди зоотехник киноя билан. — Мана буни кўраяпсанми?

Қўлидаги телефонограммани Раҳиманинг кўзига яқин тутди. Унда зоотехникни халқ амалий санъатида шох ва туёқлардан фойдаланиш масалаларига бағишланган илмий конференцияга зудлик билан етиб келиши айтилган эди.

Шу пайт колхоз раиси келиб қолди.

— Ҳозир тўғри йиғилишдан келаяпман, — деди у қўл силкиб, — бир соатдан кейин ҳамма «Қизил бурчак»ка тўплансин. Сигир сутининг аҳамияти ҳақида суҳбат ўтказиш топширилган.

Раҳима таклиф киритди:

— Сигирлар учун ҳам бир суҳбат ўтказсак.

— Қанақа суҳбат? Мавзусини билса бўладими?

— Бўлади, — деди Раҳима. — «Еппасига би-
лимга интилиш шароитида йирик шохли моллар-
нинг ўз-ўзига хизмати» мавзуси-да.

Неъмат АМИНОВ таржимаси.
(МУШТУМ. – Ташкент, 1985)

НЕМАТ АМИНОВ (1937— 2005)
Узбекский и советский писатель-сатирик, юморист, журналист, редактор. Народный писатель
Узбекистана. Ответственный секретарь и главный редактор журнала «Муштум» (1973—1995),
заместитель главного редактора журнала «Шарк
юлдузи» (1989—1991), руководитель республиканского Общественного центра духовности и
просвещения (1995—1999).

НА КЫРГЫЗСКОМ ЯЗЫКЕ
IN THE KYRGYZ LANGUAGE

ЗЕРИКТИРМЕ ЭС АЛУУ

Эртең дем алыш. Саат алты болору менен бардык кызматкерлер эшикке жабылышты.

— Бир мүнөткө жолдоштор! — деп жергиликтүү комитеттин маданий-массалык иштер боюнча башчысы Калганов кайрылып калды. Тосмого кабылган селдей болуп, бир азга удургуй түштүк. Калганов калбаат сөзүн улады:

— Келгиле, жолдоштор, эртеңки дем алышты маданияттуу өткөрүүнү уюштуралы!

— Кантип! Кандайча! Биз кулагыбызды түрүп, делдейип туруп калдык.

— Бул жөнүндө эртең ойлонуштуралык. Бүгүн чарчадыңар, анын үстүнө үйгө кетүүгө делбип калдыңар, — деди Калганов. — Эртең, саат туура тогузда толук бойдон ушул бөлмөгө чогулабыз. Сөз бүттү.

Эртеси эл толук чогулганда Калганов сөзүн улады:

— Эмгекчилердин эс алуусун пайдалуу жана маданияттуу өткөрүү, жолдоштор, өтө маанилүү маселе. Маданияттуу эс алууну уюштуруу — эмгек өндүрүмдүүлүгүнө да таасир этет...

Ушул учурда элдин күүлдөгөнү Калгановдун сөзүн бузуп кетти:

— Айтаар сөзүңдү жандатпай ачык айтчы.

Бул жерге сенин таттуу сөзүңдү угалы деп чогулган жокпуз да!

— Силердин пикириңерге кошулам, жолдоштор. Киминердин кандай ой-пикириңер, сунушуңар бар! Кана, айткыла, дем алышты кандай өткөрөлү!

— Жүргүлө, коллективдүү түрдө киного баралы, — деди бирөө.

— Жок, — деди экинчиси каршы чыгып, — коллективдүү түрдө киного баруу үчүн белетке алдын ала тапшырык берүү керек эле да.

— Келгиле анда музейге жүрүш жасайлы. Музейде сейрек кездеше турган буюмдар бар дешет. Кечиресиздер, ушул кезге чейин анда болбогонума оңтойсузданып да турам.

— Музейге барсак деле жаман болбос эле. Бирок, дем алыш күндөрүндө эл кеп болот. Кезек тийер бекен.

— Андай болсо токойго барбайлыкпы. Таза абада сейилдегенге не жетсин, — деди бирөө.

— Бул сунуштар өтө жакшы, — деп сөзүн улады Калганов. — Идеяңар канчалык мыкты болгону менен материалдык жагы кандай болор экен? А бизде азыр андай мүмкүнчүлүк...

— Эх, шайтан алгырдыкы, эмнеге баш оорутасыңар, жүргүлө, мончого баралы, — деди дагы бирөө.

Бирок анын сунушун эч ким этибарга алган жок.

— Кана, кайда бармак болдук!

Пикир алмашуу аябай кызып, талаш-тартыш күчөп жатты.

— Болуптур эмесе, жолдоштор, — деди Калганов, — саат алты болуп баратат. Бүгүнчө жетет. Баалуу сунуштарыңарга, талкууга активдүү катышкандыгыңарга чоң рахмат...

Жумуш үстүндө олтуруп катуу иштегенден да чарчап, үй-үйлөргө эс алууга таркадык.

(ЧАЛКАН. – Фрунзе (Бишкек), 1986)

НА ТАДЖИКСКОМ ЯЗЫКЕ
IN THE TAJIK LANGUAGE

ПАЙВАНДИ ДАВРУ ЗАМОН
Ё ДӮСТИИ АДАБӢ

*Имрӯзҳо 75-умин баҳори умри Марсел Шайну-
рович Салимов (Мар. Салим) ходими ҷамъиятӣ ва
ҳаҷвнависи барҷастаи Иттиҳоди Шӯравӣ, Нави-
сандаи халқии Ҷумҳурии Бошқирдистон, Кормандӣ
шоистаи маданияти Федератсияи Русия ва ИШСБ
дар Ҷумҳурии Бошқирдистон, Федератсияи Русия
ҷашн гирифта мешавад. Ман ифтихор дорам, ки
бо ин шахси ҳалиму зиндадил солиёни зиёд дӯстӣ
ва ҳамкорӣ дорам. Боиси тазаккур аст, ки Марсел
Шайнурович аз солҳои 1980 қарни гузашта бо рӯз-
номанигор, шоир, нависанда, сармуҳаррири маҷаллаи «Хорпуштак» ва адиби шинохтаи тоҷик Басир
Расо дӯстӣ дошта, тарҷумаи осораш бо забони
тоҷикӣ борҳо дар ин маҷалла рӯи чоп омада, руҳи
хонандагони сершумори тоҷикро болида гардони-
дааст. Мо ба устод дар яке аз фестивалҳои адабӣ
дар шаҳри Маскав шинос шудем. Вақте, ки ман ба-
ромад намуда аз минбар фуромадам Марсел Шайнурович бо табассуми зебо ба наздам омада, хуш
омадед бародари тоҷикам! гӯён маро меҳрубонона
ба оғӯш гирифт. Ростӣ барои ман ин ғайричаш-
мдошт буд. Устод ҳайрати маро ҳис намуда, аз
дастам гирифта ба нишастан даъват намуд ва аз
дӯстиаш бо шодравон Басир Расо ва ҳамкориҳояи*

бо маҷаллаи «Хорпуштак» ҳикоя намуд. Хурсандии ӯро ҳадду канор набуд, ҳатто гоҳе вақти суҳбат дар чашмонаш ашк ҳалқа мезад. Ин қадар меҳру муҳаббат ва самимияти ӯ ба тоҷикон маро моту маҳбут намуд.

— Имрӯз ман худро бениҳоят хушбахт меҳисобам, чунки баъд аз даргузашти дӯст ва бародари азизам Басир Расо алоқаи ман бо Тоҷикистони биҳиштосо ва мардуми меҳмондӯсташ канда шуда буд. Ман чандин бор ба шаҳри Душанбе сафар намуда, меҳмони устод шуда будам ва он лаҳзаҳо то имрӯз барои ман гуворо ва хотирмон мебошад-гуфт Марсел Шайнурович.

Ҳамин тавр дӯстии адабии мо оғоз ёфт. Сипас соли 2018 дар Фестивали адабии умумирусиягӣ дар шаҳри Тюмени Федератсияи Русия, соли 2019 дар фестивали байналмилалии адабии ба номи Насимӣ дар Ҷумҳурии Озарбойҷон, соли 2022 дар шаҳри Маскав ва ғайра бо ҳамдигар вохӯрдем. Устод ба синну соли худ нигоҳ накарда, бисёр адиби сермаҳсул ва хушсуҳбат буда, ба халқи тоҷик ва Тоҷикистон меҳру муҳаббати хоса дорад. Вақте, ки ӯ фаҳмид, ки маҷаллаи «Хорпуштак» то ҳануз рӯи чоп меояд аз хурсандӣ ба рақс даромад ва иброз дошт, ки ҳамин ки фурсат даст диҳад ба Тоҷикистон хоҳад омад. Инак, мо тасмим гирифтем, ки тарҷумаи ҳол ва намунае аз осори ин бародари адабии мо, Марсел Шайнурович Салимовро манзури хонандагони рӯзнома гардонем.

ҲАМЁН, Ё ҲАЁТ

Шабагулло бо роҳи зимистона ба хона шитоб мекард. Дар зери по барф шубҳанок чир-чир мекарду, шамол мисли булбули ғоратгар дар гӯш ҳуштак мекашид. Шабагулло роҳравон пай дар пай сарашро ба ҳар тараф мегардонад. Мабодо аз пасаш касе намеомада бошад? Чӣ хел ҳам набошад дар кисааш ҳамёни пур аз пул.

— даромад аз фурӯши гов. Гарчанде ҳаво он қадар хунук ҳам набошад, Шабагулло саросар меларзад. На аз хунукӣ - аз тарс. Дар сараш фикре чарх мезанад, ки «Чӣ мешавад, агар ягон бадфеъл, — дида бошад, ки чӣ тавр говро фурӯхтам ва аз пасаш пинҳон шуда, фурсати муносибро интизор шуда, ҳамла карда пулро гирифтанӣ шавад?».

Шабагулло ба ақиб нигарист ва дилаш таҳ зад. Мӯйҳояш ба ҳаракат даромаданд, зонуҳояш боз ҳам бештар меларзиданд. Дуруст — касе ӯро таъқиб мекунад. Ва то деҳа ҳанӯз роҳ дур аст. — Э, ба гапи кампирам гӯш надодам, — пушаймон шуд ӯ. «Вай ба ман гуфт, беақл: пулро ба дафтарчаи амонатӣ гузор. » Акнун на гов мешаваду на пул. Ҳоло ӯ маро аз гулӯям мегирад ва пешниҳод мекунад - ҳамёнатон ё ҳаёт. Албатта, зиндагиро интихоб мекунӣ...» Шабагулло шамол барин ба сӯи деҳа шитофт, вале таъқибкунанда ҳанӯз ҳам ақиб намемонд. Вай ба дасташ ишора намуда, чизе гуфта фарёд мезад, лаънатӣ. Шабагулло сарашро ба ақиб гардонду пешпо хӯрда рӯи барф афтод ва дид, ки гурехта наметавонад. Ғоратгар аллакай ду қадам дур аст. Шабгулло аз по хеста дод зад:

- Ҳаёт! Ман ҳаётро интихоб мекунам гуфта, киссаашро мекобад, ки ба дузд пулҳоро диҳад, вале ҳамёни худро намеёбад.

— Чӣ мекобӣ, Шабагулло-тағо? — аз ӯ мепурсад таъкибкунанда. - Агар ин ҳамён бошад, пас шумо онро як километр пеш аз ин ҷо афтонидед. Ман кайҳо аз паси ту медавам, ки онро ба ту диҳам.

ОЙГУЛ

Карам аз кор дер меомадагӣ шуд. Вақте аз кор меомад хӯроки шомро саросема хӯрда, худро болои болин партофта хоб мерафт. Инаш кам буд, ки зани ҷавонаш ҳар шаб мешунид, ки шавҳараш дар хобаш олои гуфта меҳрубонона гаштаву баргашта Ойгул мегуфт. Аҷибаш он буд, ки Карам дар хобаш танҳо Ойгулро ном мегирифт.

Зани Карам бисёр ҳам зани баномус буд. Ӯ маҷбур худашро аз гиря кардан бозмедошт ва танҳо баъди оне ки шавҳари хиёнаткораш ба кор мерафт, аз таги дил мегирист. Ҳамин аҳвол чандин рӯзҳо идома меёфт, вале рӯзе ҳамсараш тамоман гузаронд. Он бегоҳ ӯ аз ҳамавақта дертар омада, ба хӯрок даст нарасонида, либосшро иваз намуд ва беҳолона рӯи кат худашро партофта хоб рафт. Тоқати зан тоқ шуд ва худашро идора кар-да натавониста, бо садои аламовар ва ғазаболуд шавҳарашро тела дода гуфт:

– Фикр намекунӣ, ки бо Ойгулат вақти беҳад зиёд мегузаронӣ?

– Эх, ту агар ӯро медидӣ! – чашмонашро на-кушода, бо табассуми қаноатмандона ҷавоб дод Карам.

Зан дигар ғазабашро фурӯ бурда натавонист ва шавҳарашро сахттар тела дода баландтар дод зада талаб кард:

– Худи ҳозир маро ба назди вай бар!

– Ба назди ки? – норизоёна ғур-ғур кард Ка-рам.

– Ба назди Ойгулат! – дод зада ҳиққос зада гирист зан . Шавҳари бемеҳраш аз гиряи ӯ аввал ҳайрон шуд ва сипас якбора ба ханда даромада, то дилаш холӣ шудан хандида аз болои кат хест ва дасти занашро гирифта ба кӯча бурд. Ду кӯ-чаро гузашта Карам дар назди хонаи дуошёна, ки тирезаҳо бисёр калон дошт истод.

– Ана, – сарашро ба сӯи бино тобонида, ило-ва намуд, – имрӯз мо онро барои истифодабарӣ супоридем.

– Ҳамроҳи Ойгул? – зан боэҳтиёт пурсид.

– Чаро ҳамроҳ? Ана Ойгул, кафе «Ойгул». Сохмони моро низ чунин номгузорӣ намуда-анд.

Аз забони русӣ тарҷумаи
Абдуқаҳҳори ҚОСИМ.

АБДУКАХХОР КОСИМ

Поэт, поэт-песенник, журналист, публицист. Отличник культуры Республики Таджикистан, почётный посол мира (Россия). Главный редактор газеты «Хидоят» (Таджикистан), сопредседатель литературного совета Ассамблеи народов Евразии и Африки, координатор Всемирного движения поэзии (World Poetry Movement, Меделин, Колумбия), президент Международной палаты писателей и деятелей искусств «CIESART» (Барселона) в Таджикистане, координатор Всемирного Союза поэтов за мир и свободу «UMPPL» (Италия).

НА КОМИ ЯЗЫКЕ
IN THE KOMI LANGUAGE

АДДЗЫСЬЛÖМ

Зубарев пукаліс аслас кабинетын да корсис кроссвордö колана кывъяс. Кор тринькнитіс телефон., сійö скöрпырысь чукыртчыліс да дышиника лэптіс трубкасö. Но кыліс эз начальниклöн, а нывбабалöн мелі гöлöс.

— Корöй, позьö кö, Зубаревöс!

— Ме кывза. Кутшöм могöн Ті ме дорö?

— Некутшöм мог менам абу. Ме кöсйи тöдны, мый тэ вöчан?

— Прöститöй,— броткис шöйöвошöм Зубарев.— Кодкöд сёрнита?

— Енмöй да енмöй! Тэ мый, эн тöд?!

— Эг.

— Тырмас, эн йöй улö лэччысь. Ме звöнита кинотеатрсянь.

— А мый тэ сэні вöчан?— виччысьтöг «тэ» вылö вуджöмöн юаліс Зубарев.

— Ньöби билетъяс. Удж бöрад лок татчö. Бур, Зубарев?

Тайö кывъясысь Зубаревлöн быттьöкö вомыс косьмис.

— Энлöй,— дзуртышчтіс сійö, некымынысь пыдö лолыштіс.— А кыдзи ме тіянöс тöдмала?

— Ме лоа лбз платтьöа,— нывбаба меліа серöктіс...

Коді жö тайö гöгöрвотöм нывбабаыс, и гöлöсыс быттьö тöдса?— думыштчис

Зубарев да вештö бокö кроссворда газетсö.

Мыйöн помасис уджалан лун, Зубарев кыдзи
пуля петіс контораысь. Кежаліс базар вылö дзори-
дзла да, медым не сёрмыны, таксиöн тöвзьыштіс
кинотеатр дорö.

Йöзыс сулалісны чукöръясöн. Зубарев дзор-
гис-видзöдіс гöгöр, думсьыс корсис лöз плат-
тьöаöс. И друг мышсяньыс кодкö чукöстіс сийöс
нимнас. Зубарев бергöдчис и чуймис: сы водзын
сулаліс аслас гöтырыс.

— Воин, менам донабй?!— юаліс сийö.

Зубарев пыр жö гöгöрвоис, мыйла трубка-
ас сэтшöм тöдöа вöлі гöлöсыс. Виччысьтöмла
сийö мыччис дзоридзсö гöтырыслы, а синъяснас
сатшкысис лöзоват платтьö вылö, коді, вöлі зэв
жö тöдса.

— Тайö... тэ?— сöмын и вермис шуны.

— Ме, донаöй, ме,— нюммуніс гöтырыс да
босьтіс сийöс киöдыс.— Тэныд öд юрад оз волы,
медым нуöдны менö театрö либö кино вылö, со и
меным аслым тайöс лои вöчны.

(ЧУШКАНЗІ. – Сыктывкар, 1988)

НА ЯКУТСКОМ ЯЗЫКЕ
IN THE YAKUT LANGUAGE

ХААР КЫЫРПАҔА КЫЫС

Онно тымныы...
Онно кыһыл көмүс,
Онно алмаас.
Ким онно барар
Байар бэртначаас... –
Доҕотторум эппиттэрэ
Хаардаах, ыраах
Дойдуга аттаныыга.
Онон аан бастаан
Атахтарым үктэннэ
Баай-дуол Саха сиригэр.

Доҕотторум
Дьэ, кырдьыгы эппиттэр:
Тымныы, курас…
Ол эрээри олохтоохтор
Сүрэхтэрэ сылаас.
Кинилэр, быһыыта,
Силлиэлии сырыылаахтар.

Оо, айбыт таҥара!
Бу туох дьиктитэй?
Уулусса тоҕойугар
Харахтарым хатанна
Хаһан эрэ

Харанара таптаабыт
Хаарыаннаах
Хараначчым тэнэ
Хаар кэрэтэ кэрэ
Саха кыыһыгар.

Адьас, адьас
мосо суһуохтаах,
Кыарагас
Сырдык харахтаах
Тапталлааҕым, башкир кыыһын,
Саха сирэ илэ
Харааннаан
Харахтаттаҕа.

Айыы буолуо суоҕа этэ
Арай мин эмискэ
Кэрэ кыыһы куустарбын.
Хаар кыырпаҕын кэриэтэ
Кэрэ бэйэтин
Итии түөспэр ууллардарбын…
Суох, мин итинтэн тардынабын,
Итинник санааны киэр кыйдыыбын.
Хаар кыырпаҕа кыыс
Биир мичээринэн охтордо!

Бухатыыр курдук сананарым,
мос-атаҕым кыаһыланна,
Туох эрэ дьикти саҕаланна –
Хата, бэйэм сааскы хаардыы
Өрүһүлтэтэ суох уулуннаҕым…

Доҕотторум
Кырдьыгы эппиттэр:
Онно тымныы,
Онно кыһыл көмүс,
Онно алмаас…
Ол эрээри билбэтэхтэр:
Манна таптал,
Манна иэйии.
Мин куппар-сүрбэр
Өрүүтүн саас…

УРСУН тылбааһа.

НИКОЛАЙ ВИНОКУРОВ – УРСУН

Поэт, критик, переводчик, краевед. Член Союза писателей России и Саха-Якутии. Лауреат Государственной премии им. П.А. Ойунского РС (Я). Почётный гражданин Таттинского и Намского улусов.

ХААР ТАПТАЛА

мос-бараан дойдуга
    араас дьикти баар –
Тубустаххына эн
    хатыҥныы нарымсыйаҕын.
Хаарыан бэйэлээх
    бөрөчүөскэҕин тупсарар

Хаар толоно тохтор дуу,
    уоскулаҥ тыынныы?

Кырдьык, ити хаар
    кыыдама буолбатах.
мосо барбаппын,
    ити мин эн баттаххар,
Бу дьоҕусхаан кэрэ
    төбөҕөр ол нарыны
Ыйтан ылан чөмчүүктүү кутабын.

Дьиэлэри, хайалары, бэстэри
Сатыыбын солотуулаан киэргэтэри.
Ити мин Ыйга тахсабын,
Эйиигин хаар
    кыыдамынан кууһаарыбын.

Сэмэн ТУМАТ нууччалыыттан
көҥүл тылбааһа.

СЕМЕН ПОПОВ – СЭМЭН ТУМАТ
Поэт, прозаик, литературный критик, переводчик,
журналист. Народный писатель Республики Саха
(Якутия), заслуженный работник культуры РС(Я).

Король Сатиры МарСалим с Верховным Атаманом Юрием Захаровым. «А король-то не голый!». Казахстан, 2023. – The King of Satire MarSalim with the Supreme Chieftain Yuri Zakharov. «And the king is not naked!» Kazakhstan, 2023.

НА КИТАЙСКОМ ЯЗЫКЕ
IN CHINESE

СТИХИ НАРОДНОГО ПИСАТЕЛЯ БАШКОРТОСТАНА ОПУБЛИКОВАНЫ В АНТОЛОГИИ МИРОВОЙ ПОЭЗИИ НА КИТАЙСКОМ И АНГЛИЙСКОМ ЯЗЫКАХ

Юморист с мировым именем, народный писатель Республики Башкортостан, заслуженный работник культуры РФ и БССР Марсель Салимов (Мар. Салим) в преддверии нового 2022 года получил две посылки из двух частей материка, которые являются результатом его активной творческой деятельности.

Одна из них – из Китая: прислали Рождественский (декабрьский) выпуск антологии мировой поэзии (ISBN 978-988750449-8, HK, издательство Jiuzhou Literature and Art Publishing House). В ней собраны лучшие произведения 81 известного поэта из разных стран мира. В сборник включены юмористические стихи Мар. Салима на китайском и английском языках. На китайский их перевёл молодой китайский поэт и переводчик ТЯНЬ ЮЙ, известный в литературных кругах ДЖЕЙМС ТЯНЬ.

«Тянь такой молодой, можно сказать, совсем ещё ребёнок, по сравнению со мной. Но уже успел доказать миру, что является одним из опытнейших переводчиков в Поднебесной, активно и успешно работающий на высоком профессиональном уровне, – рассказывает Марсель Шайнурович. – Родился Тянь в 1994 году в городе Тайань провинции Шаньдун и с шести лет начал писать стихи. Кстати, я своё первое сатирическое стихотворение написал только в восемь лет. Невероятная работоспособность и трудолюбие талантливого молодого китайского поэта и журналиста восхищают меня».

Вторую посылку знаменитому юмористу доставили из Лондона. Факт о том, что Марсель Салимов удостоен Лондонской премии имени Чарльза Диккенса в номинации «Малая проза», был известен давно – об этом писали в «Литературной России» и других центральных газетах. Но новоиспечённый лауреат не поехал в Лондон за своим бесценным призом. В преддверии Нового года спецкурьер вручил ему Диплом и именную статуэтку лауреата Международной Лондонской литературной премии.

马塞尔·沙伊努罗维奇·萨利莫夫（Марсель Шайнурович САЛИМОВ），俄罗斯著名讽刺小说家、诗人、公关家、社会活动家。俄罗斯和巴什科尔托斯坦作家和记者联盟会员、国际作家联盟（莫斯科）荣誉会员、国际记者联合会（布鲁塞尔）会员、俄罗斯文学学院院士等

现为《巴什科尔托斯坦退伍军人报》与《汉

克》杂志编辑、俄罗斯文学杂志《利夫特》编
辑，1992-2010 年幽默杂志《维拉》创办人
兼第一任主编。现已以俄语、巴什基尔语、鞑
靼
语、楚瓦什语、英语和保加利亚语出版了48
本书；他的一些作品被翻译成近50 种语言在
俄罗斯和国外的许多出版物上发表。
先后获得谢尔盖·米哈尔科夫国际文学奖、
弗拉基米尔·吉尔亚罗夫斯基国际文学奖、弗
拉基米尔·纳博科夫国际文学奖、阿列科国
际文学奖、尼古拉·果戈理国际文学奖、欧内
斯特·海明威国际文学奖、马克·吐温国际文
学奖、杰克·伦敦国际文学奖、查尔斯·狄
更斯国际文学奖等。

就是我！

哦显而易见的奇迹正在延续，
在无限的闪亮中你就是一棵白桦屹立。
或许是那天上飘来的雪丝，
为你蓬松而迷人的发纤增添了美丽？
哦亲爱的雪花此刻不再冰冷，
然而应该早一点了解我为更好无疑。
我会用天赐的珠玉为你添衣，
那是完美的修饰我从圆月上摘取。
它会落在树林和玉米地间……
穿上闪亮的袍袖与月共靠倚。
哦就是我呵在点缀着所有，
无尽的珠玉还会落下如期。

www.ingramcontent.com/pod-product-compliance
Lightning Source LLC
Chambersburg PA
CBHW051346020726
47501CB00007B/2288